DAS WEISSE HAMBURG-BUCH

Michele Avantario und Klaus Sieg
Fotos von Martin Langer

DAS WEISSE HAMBURG-BUCH

Unbekannte Glanzmomente, Heldentaten, Errungenschaften und Erfindungen aus fünf Jahrhunderten

ConferencePoint Verlag

Inhalt

Vorwort

Als Autoren von DAS SCHWARZE HAMBURG-BUCH (Junius, 2016) hätten wir mühelos viele weitere dunkle Episoden aus der Hansestadt zusammentragen können. Doch wer braucht schon einen Hamburg-Brockhaus des Grauens aus der Feder zweier Berufspessimisten? Richten wir den Blick also auf die hellen Seiten der Stadt, auf die Stätten unbekannter Glanzmomente, Heldentaten, Errungenschaften und Erfindungen.

DAS WEISSE HAMBURG-BUCH erzählt von demokratischen Aufbrüchen, glorreichem Aufbegehren, erfolgreicher Gegenkultur, genialen Tüfteleien, sozialem und technischem Fortschritt. Das meiste davon gilt uns heute als selbstverständlich. Nur wissen die Wenigsten um die Ursprünge.

Die Geschichten reichen bis ins 17. Jahrhundert zurück. Auch diesmal spüren wir ihnen von den Orten ausgehend nach, an denen sie sich ereignet haben. Viele dieser Orte sind bekannt, ihre helle Geschichte aber nicht. Andere Orte hingegen dürften selbst eingesessene Hamburgerinnen und Hamburger überraschen.

DAS WEISSE HAMBURG-BUCH bildet somit das Gegenstück zum SCHWARZEN HAMBURG-BUCH. Es ergänzt unseren Blick auf eine Stadt, die voller faszinierender Geschichten steckt – vor allem jenseits der stadthistorischen Klassiker.

DAS WEISSE HAMBURG-BUCH versammelt 45 Geschichten. Vielen wohnt neben dem Hellen auch etwas Dunkles inne. Dafür aber leuchtet das Licht in ihnen umso stärker.

Baustelle des Belcanto

Mit der Oper am Gänsemarkt gründeten Hamburger Bürger das erste Musiktheater im deutschsprachigen Raum

Eine kleine Zufahrtsstraße führt vom Gänsemarkt direkt vor den Bühneneingang der Oper. Anfang des 20. Jahrhunderts galt sie als so genannte Bordellstraße und war Schauplatz eines (peinlichen) weltgeschichtlichen Ereignisses. Ihr heutiger Name verweist auf die frühere Nutzung dieses Areals. Und darauf, dass wohlhabende Hamburger das erste bürgerlich-städtische Theater im deutschen Sprachraum nicht an, sondern in einem Hof gegründet haben. Einem sehr staubigen noch dazu.

Der Kalkhof diente im 17. Jahrhundert der Herstellung und Einlagerung von Kalkmaterialien. Auf dem damals noch frei liegenden Nachbargrundstück wurde im Sommer 1677 eine Baustelle eröffnet, die bei den Kalk-Malochern für etwas Abwechslung gesorgt haben dürfte. Vor ihren Augen entstand dort in Windeseile ein einfacher, länglicher Zweckbau. Schon an Weihnachten desselben Jahres konnte das Gebäude an seine Bauherren übergeben werden. Zusammen mit dem Komponisten Johann Adam Reincken und dem späteren Bürgermeister Peter Lütkens hatte sich der Jurist und Ratsherr Gerhard Schott einen kostspieligen Wunsch erfüllt: ein »stehendes« und öffentlich zugängliches Opernhaus nach italienischem Vorbild, das dem Repräsentationsbedürfnis einer führenden Handelsmetropole wie Hamburg genügte – aber ganz ohne fürstliche oder staatliche Unterstützung auskam.

Kirchenvertreter, die den neumodischen »Singe-Spielen« eine »Verführung zur Wollust« vorwarfen, beschwichtigte man mit biblischen Stoffen, die regelmäßig auf die Bühne kamen. Weil Opernleiter Schott aber ein Verehrer der italienischen Oper war, stand häufiger auch Frivoles auf dem Spielplan. Durch universitäre Gutachten aus anderen Städten ließ er sich versichern, dass das in Hamburg Gebotene, obwohl es »Sündhaftes« enthalte, »moralisch nicht anfechtbar« sei.

Mit bis zu drei Aufführungen in der Woche kam das Haus, das Platz für 2.000 Gäste bot, auf jährlich fast 100 Vorstellungen. Bis 1738 gingen schätzungsweise 270 verschie-

dene Stücke über die Bühne. Viele wurden eigens dafür geschrieben oder ins Deutsche übersetzt. Die Liste der am Gänsemarkt wirkenden Komponisten und Literaten war europaweit einzigartig. Zu den größten Namen zählen Georg Friedrich Händel, der als Geiger und Cembalist im Orchester tätig war und dessen erste Oper hier uraufgeführt wurde, und Georg Philipp Telemann, der das Theater leitete, bis es wegen Misswirtschaft und nachlassendem Zuspruch schließen musste. Danach wurde das baufällig gewordene Haus am Kalkhof für die Gastspiele von herumziehenden Gruppen genutzt. An seinem Standort entstand später das »Comoedienhaus«, das vom Hamburger Nationaltheater übernommen wurde und in dem Lessing als Dramaturg wirkte.

Einen ungleich aufwändigeren Neubau erfuhr das Gelände Anfang des 19. Jahrhunderts. Zur Finanzierung des geplanten Hauses hatten Hamburger Bürger einen »Actienverein« ins Leben gerufen. Das 1827 eröffnete Stadt-Theater überragte seine Vorgänger in jeder Hinsicht. In diesem steinernen Palast baute die Hamburger Oper ihren internationalen Ruf weiter aus. Unter dem Direktor Bernhard »Pollini« Pohl und dem jungen Kapellmeister Gustav Mahler erlebte sie im ausgehenden 19. Jahrhundert ihre »goldene Ära«.

Die Schwierigkeiten, die die Hamburger Oper in ihren Anfangstagen mit den religiösen Autoritäten auszustehen hatte, waren längst passé. Wirklich Frivoles spielte sich derweil vor der eigenen Tür ab: Als der dänische König Frederik VIII. nach einem Nizza-Aufenthalt im Mai 1912 auf der Rückreise mit seiner Familie einen Zwischenstopp in Hamburg einlegte, führte ihn ein abendlicher Spaziergang in eines der Etablissements der damaligen Schwiegerstraße am Gänsemarkt. Unmittelbar danach erlitt er mehrere Herzinfarkte und starb an deren Folgen. Seitdem haftet der kleinen Zufahrtsstraße, die seit 1922 »Kalkhof« heißt, noch mehr »Sündhaftes« an. Ob der Bordellbesuch tatsächlich für den Tod des 69-Jährigen verantwortlich war, ist bis heute nicht eindeutig geklärt. Brauchbaren Opernstoff gibt die Anekdote aber allemal her.

Ein emanzipiertes Leben

Mit ihren »Denkwürdigkeiten« verfasste Glückel von Hameln die älteste noch erhaltene Autobiografie einer Frau

Der Jüdische Friedhof in der Königstraße gilt als eines der bedeutendsten jüdischen Grabfelder der Welt. Tausende Grabsteine aus dem 17. bis 19. Jahrhundert zeugen von der Religionsfreiheit, die in der Stadt Altona einst herrschte, während den Juden im benachbarten, orthodox-lutherischen Hamburg die Ausübung ihres Glaubens nicht gestattet war. Die letzte Ruhestätte des Kaufmannes Chajim ben Josef Hameln (alias Hein Goldschmidt) verweist außerdem auf ein Schriftstück, das heute zu den wichtigsten Dokumenten zur Beschreibung der Lebensumstände der Aschkenasim in der Frühen Neuzeit gilt. Seine Urheberin: Glikl bas Juda Leib alias Glückel von Hameln. Mit ihren »Denkwürdigkeiten« hinterließ die Witwe Chajim Hamelns die älteste noch erhaltene weibliche Autobiografie im deutschsprachigen Raum.

Glikl war eine gebildete Frau aus der jüdischen Oberschicht. Nach dem Tod Chajims im Jahr 1689 führte sie das Edelsteingeschäft ihres Mannes mit Erfolg weiter. Sie handelte (ohne männlichen Vormund) eigenständig an der Börse und pflegte Geschäftsbeziehungen nach Amsterdam, Kopenhagen und Wien. Vier ihrer insgesamt zwölf Kinder waren noch zu Chajims Lebzeiten gut verheiratet worden. Die übrigen acht musste die alleinerziehende Mutter auf eigene Faust durchbringen. Nebenbei begann die Mittvierzigerin ihre Lebenserinnerungen nieder zu schreiben. Das half dabei, »die lange Nacht nicht mit melancholischen Gedanken zu verbringen«. Vor allem wollte Glikl aber die Familiengeschichte für ihre Nachkommen festhalten. Eigentlich waren ihre Memoiren also gar nicht für die Öffentlichkeit bestimmt.

Neben ihren Erinnerungen und Selbstreflexionen, einigen »erbaulichen Erzählungen« sowie moralischen Ermahnungen an die Kinder ließ die Autorin auch Beobachtungen zum Zeitgeschehen in ihre Schriften einfließen. So beschreibt Glikl darin die Stadt Hamburg nach dem 30-jährigen Krieg und während der Pestepidemie von 1664. Sie berichtet von den Schwierigkeiten der jüdischen Existenz und von den unterschiedlichen Lebenssitu-

עטרת צבי תפארת לישראל
פ נ
אדונינו מורינו ורבינו ורבן של כל
בני הגולה הרב הגאון הגדול המפורסם
והחריף ובקי החסיד ומקובל איש אלקים
קדוש החכם והעניו מאוד שר
ושופט תופס ישיבה והדיין מורה
בישראל חיבר הרבה חבורים על ש"ס
ופוסקים ותנ"ך ושו"ת והמה עד בכתובים
האיר עיני הגולה לא קם כמוהו ואחר
לא יהי' עד כבוד שמו מהו"ר
צבי הירש מק"ק
האב"ד ור"מ דשלש קהלות
עם ה' אבדו"מ בק"ק
התקשו
ים ושבע
תנ"ח

ationen der Juden Hamburgs und Altonas. Auch die Feierlichkeiten der portugiesischen Hamburger Juden zu Ehren des vermeintlichen Messias Sabbatai Zewi und der Prozess gegen die »Volksaufständler« Hieronymus Snitger und Cord Jastram sind Teil ihrer »Denkwürdigkeiten«.

Später heiratete Glikl einen wohlhabenden französischen Bankier. Doch seine geschäftliche Pleite stürzte auch von Hameln in die Armut. Bis 1719 arbeitete die mittellos gewordene Kauffrau an ihren Memoiren. Die letzten Jahre ihres Lebens verbrachte sie bei der Familie einer ihrer Töchter in Metz.

Die Originalaufzeichnungen ihrer »Denkwürdigkeiten« gingen verloren. Glikls Sohn Moses kommt das Verdienst zu, das Manuskript seiner Mutter Wort für Wort abgeschrieben und damit für die Nachwelt erhalten zu haben. Erstmals veröffentlicht wurde das Werk im Jahr 1896 in jiddischer Sprache.

Die Feministin Bertha Pappenheim, eine indirekte Nachfahrin Glikls, sorgte 1910 für die erste vollständige Übertragung ins Hochdeutsche. Eine gekürzte Fassung, die 1913 erschien, machte dieses seltene Zeitzeugnis einer breiteren Leserschaft zugänglich. Binnen zehn Jahren gingen 20.000 Exemplare der »Denkwürdigkeiten der Glückel von Hameln« über den Ladentisch.

Historiker messen dem Werk eine kaum zu überschätzende wissenschaftliche Bedeutung zu. Es gilt als wertvoller Forschungsgegenstand für die Sprach- und Literaturwissenschaft, für die Autobiografik und die Geschichte der jüdisch-christlichen Beziehungen sowie für die Frauen-, Sozial-, Wirtschafts-, Kultur- und Religionsgeschichte der Frühen Neuzeit. Die »Denkwürdigkeiten« liegen heute in hebräischer, russischer, englischer und französischer Sprache vor.

In einem Neubauviertel Altonas, unweit vom Jüdischen Friedhof, wurde 2016 eine Straße nach der Verfasserin benannt. Das Jüdische Museum in Berlin widmet Glückel von Hameln, die die weibliche Emanzipation bereits vor 300 Jahren auf beeindruckende Weise vorlebte, eine ganze Abteilung.

Nicht hinterm Mond

Das frühe Zeitungswesen im Großraum Hamburg schuf wichtige Voraussetzungen für Aufklärung und Moderne

Die frische Goldfarbe auf den gepflegten Grabkreuzen aus Eisen leuchtet noch. Abgelegte Rosen zeugen vom Gedenken an den wohl berühmtesten Wandsbeker, beziehungsweise Wandsbecker. Das »c« ging dem Adelsgut und kleinem Marktflecken 1879 aufgrund einer preußischen Verordnung verloren.

Da war der 1740 gestorbene Matthias Claudius lange tot. Die Erinnerung an ihn aber wird im Bezirk Wandsbek hochgehalten. Wenige Meter von dem Grab des Dichters entfernt steht eine mannshohe, gebogene Platte, auf der sein berühmtes Abendlied zu lesen ist, dessen Zeile mit dem Mond jedes Kind kennt. Nachts wird die Platte von zwei Scheinwerfern angestrahlt. Nur wenige Hundert Meter weiter gibt es die Claudiusstraße, von der selbstverständlich der Claudiusstieg abgeht.

Auch der »Wandsbecker Bothe« ist nicht in Vergessenheit geraten. Es gibt sogar eine gleichnamige Kneipe im Stadtteil, die nach der Zeitung benannt ist, in der Matthias Claudius als einziger Redakteur die Zeilen nicht minder bedeutender Kollegen, wie Goethe oder Herder, veröffentlichte.

Eher unbekannt aber dürfte sein, dass dieser »Wandsbecker Bothe« Teil eines Medienbooms in Norddeutschland war, durch den sehr früh ein eigenständiges, aufklärerisches und kritisches Zeitungswesen entstand. Von den Anfängen zyklischer Literatur im 15. Jahrhundert an erschienen bis 1815 in der urbanen Verdichtung aus Hamburg und Altona, Schiffbek und Wandsbek 1.200 Zeitungen, Zeitschriften und andere Periodika, so der Medienhistoriker Holger Böning. Diese Medien veränderten grundlegend das Informationsverhalten und das Weltbild einer breiten Leserschaft sowie deren Blick auf die Herrschaft, eine wichtige Voraussetzung für Aufklärung und politische Moderne.

Mitten drin: Wandsbeck. Das gehörte bis 1864 zu Dänemark. Von hier aus ließen sich deshalb bestens die Hamburger Eliten und Regierungskreise mit Skandalgeschichten ärgern. Die Zensur des Hamburger Rates war machtlos dagegen. Das tat bereits 1745 die Vorgängerzeitung des »Bothen«, der »Wandsbeckische Mercur«, der vor allem in Hamburger Schenken mit viel Vergnügen gelesen wurde. Schließlich wollte man ja nicht hinterm Mond leben.

Direktleitung zum Himmel

Der erste Blitzableiter Deutschlands musste gegen Theologie und Aberglauben durchgesetzt werden

Zwölf Uhr Mittags. Die Glocken der St. Jacobi Kirche läuten, laut und eindrucksvoll. Fast übertönen sie den Verkehrslärm der Steinstraße. Dem alltäglichen Gewusel tut das keinen Abbruch: Menschen mit prall gefüllten Einkaufstüten eilen vorbei. Büroangestellte streben zur Mittagspause. Touristen legen den Kopf in den Nacken, um den Kirchturm hinauf zu blicken, bevor sie eintreten, um die Arp-Schnitger-Orgel zu bestaunen, die größte in ihrem klingenden Bestand erhaltene Barockorgel norddeutschen Typs.

Dafür ist St. Jacobi bekannt. Die wenigsten aber wissen von der anderen historischen Bedeutung der Kirche: Auf ihrem Turm wurde 1769 der erste Blitzableiter Deutschlands installiert.

Erfunden hatte diesen Benjamin Franklin. Bereits um 1740 hatte der Buchdrucker aus Philadelphia nachgewiesen: Die Atmosphäre ist elektrisch geladen. Er ließ einen Drachen an einem Metalldraht aufsteigen und konnte daraus Funken ziehen. Hätte der Blitz in den Drachen eingeschlagen, wäre Franklin ums Leben gekommen. Doch ist es umstritten, ob er das Experiment tatsächlich selbst durchgeführt hat. Schließlich war er sich dessen Gefährlichkeit bewusst. Fest steht aber, dass er so die Idee entwickelte, mittels geerdeter Metallstangen den Blitz abzuleiten – und der Menschheit einen großen Dienst erwies.

In Europa wurde die Idee im Mai 1752 in Paris erstmals umgesetzt. Es verging aber einige Zeit, bis der Blitzableiter sich flächendeckend verbreitete. Das lag unter anderem am Widerstand von Theologen. Sie verdammten Blitzableiter als gotteslästerlich. »Alle Blitze und Schläge hat der Herr abgemessen, kein Einziger fällt anders, als ihn die ewige Vorsicht bestimmt, sie sind lauter Pfeile in der Hand des Schöpfers, darum ein jeglicher nur just den Punct trifft, wohin er gezielet ist«, mahnte etwa der Hamburger Theologe Christian Samuel Ulber 1760.

Der anerkannte Theologe hielt 1757 seine Antrittspredigt in St. Jacobi, war aber gesundheitlich so geschwächt, dass er sein Amt nicht mehr recht ausführen konnte und 1776 verstarb. Vielleicht gelang es deshalb dem Arzt und Naturforscher Johann Albrecht Hinrich

Reimarus, der in Hamburg auch die Pockenimpfung eingeführt hat, die Installation des Blitzableiters auf dem Kirchturm zu erwirken.

Es dauerte dann aber auch in Hamburg noch rund zwanzig Jahre, bis die Technologie sich durchsetzte. Quellen überliefern, dass 1783 die Nachfrage nach Blitzableitern größer war als das Angebot.

Der Blitzableiter war also nicht nur eine technische Neuerung sondern ein Symbol aufklärerischem Strebens, das sich auch gegen abergläubische Praktiken wie das Wetterläuten richtete. Zog ein Gewitter auf, eilten die Glöckner auf den Kirchturm, um zu läuten. Damit wollten sie weniger die Menschen vor dem aufziehenden Gewitter warnen. Der Glaube war, durch das Läuten das Unwetter zu vertreiben. Das aber war nicht ungefährlich. Häufig wurden die Glöckner von der elektrischen Ladung getroffen und kamen zu Tode. Schließlich war der Kirchturm meist die höchste Stelle im Ort. Zudem war das Metall der Glocke ein guter Leiter.

Nur gegen große Widerstände konnten die Aufklärer die Blitzableiter durchsetzen. Zum Teil mussten diese unter Militärschutz gegen den Willen des aufgebrachten Volkes angebracht werden. Häufig zerstörten die Menschen sie hinterher. Bis ins 20. Jahrhundert war das Tragen von Amuletten weit verbreitet, um sich gegen den Blitz zu schützen. Oder die Menschen befestigten Donnerkraut an den Dächern. Auch der Brauch des Wetterläutens wurde trotz Verboten durch die Obrigkeiten noch lange gepflegt, ungeachtet der Gefahr für die Glöckner.

Gut also, dass heute die Glocken im Turm von St. Jacobi nur noch Sonntags, an Ostern oder Weihnachten läuten. Und um 12 Uhr Mittags.

Die Festung des Hobby-Astronomen

Aus Liebhaberei erfand Johann Georg Repsold im 19. Jahrhundert hochkomplexe Geräte zur Messung von Raum und Zeit

Der Platz vor der Jugendherberge sieht aus wie ein Amphitheater in Miniatur. Zur Wasserseite hin erhebt sich eine kleine Aussichtsplattform mit kostenpflichtigem Fernrohr. Der Stintfang ist ein wunderbarer Ort, um in die Weite zu blicken. Das muss sich auch Johann Georg Repsold gedacht haben, als er hier vor 300 Jahren ein Observatorium errichten ließ, um einer Privatleidenschaft nachzugehen. Seine Arbeit als Hobby-Astronom und -Feinmechaniker trug im 19. Jahrhundert maßgeblich zur Verbesserung der Navigation, der Land- und Raumvermessung sowie der genauen Zeitbestimmung bei. Das Fernrohr auf der Aussichtsplattform scheint aber eher aus Versehen an Repsolds Leistungen zu erinnern.

Zehn Jahre lang hat der in Wasserbau, Zeichnen und Mathematik geschulte Mann aus Wremen bei Bremerhaven von diesem Hügel aus in Ruhe die Sterne beobachten können. Unter napoleonischer Besatzung wurde die Sternwarte auf der ehemaligen Bastion Albertus dann abgerissen, weil die Franzosen die Festungsanlagen erneuern wollten. Weitere zehn Jahre hat es gedauert, bis Repsold die Genehmigung vom Senat erhielt, ein neues Observatorium am späteren Standort des Museums für Hamburgische Geschichte zu bauen, das die Stadt 1833 als Staatsinstitut übernahm. Das hat Repsold selbst aber nicht mehr erlebt.

Mit 19 Jahren kam er nach Hamburg und fand eine Anstellung in der Stadtverwaltung. Als Privatperson tüftelte Repsold nach Feierabend dann an der Entwicklung und Optimierung von Messgeräten wie dem Meridiankreis und dem Heliotrop – beide Apparaturen dienten der genauen Bestimmung der Winkel zwischen weit entfernten Objekten (zum Beispiel einem Stern und einem Punkt auf der Erdoberfläche) und erleichterten die Navigation auf See. Repsold war also das, was man heute einen »Nerd« nennen würde. Aber er scheute auch das Risiko nicht. Mit Vierzig avancierte er zum obersten Feuerwehrdirektor und war für das Löschwesen der Stadt und sämtliche Leuchttürme verantwortlich. Dieser Posten wurde ihm schließlich zum Verhängnis. 1830 starb er 60-jährig bei einem Feuerwehreinsatz, nachdem eine Mauer auf ihn herabgestürzt war.

ICH BIN HIER STAMMGAST.
oder
or
1x50Cent
1x1€
EUROSCOPE

Stintfang, St. Pauli

Repsolds ältester Sohn Adolf trat als »Spritzenmeister« in die Fußstapfen seines Vaters. Im Mai 1842 gehörte er zu den Feuerwehrleuten, die die Löscheinsätze gegen den »Großen Brand« organisierten. Die Werkstatt ihres Altvorderen bauten er und sein Bruder Georg zu einer Firma aus, die bald zu den weltweit führenden Unternehmen in der Herstellung von Fernrohren aufstieg. Das Hamburger Observatorium wurde Ende der 19. Jahrhunderts an den Stadtrand verlegt, weil der Lichtsmog und die Luftverschmutzung in Hafennähe stark zugenommen hatten. In Bergedorf, wo die Sternwarte heute noch steht, entdeckte ein Hamburger Astronom 1918 den Asteroiden Nummer 906. Der Miniplanet trägt seitdem den Namen »Repsolda«.

Stadtrundfahrt

Ein Rettungsdorf für Kinder

Das Rauhe Haus begründete die moderne Sozialarbeit in Deutschland

Zwischen dem Hammer Steindamm und der Horner Landstraße ist Johann Hinrich Wichern heute noch omnipräsent. Sein Grabmal befindet sich auf dem Alten Hammer Friedhof an der Dreifaltigkeitskirche, dessen Bau ein »Alpha & Omega« symbolisiert. Der Weg zum Ursprung von Wicherns wohltätigem Schaffen führt vorbei am Wichernsweg und an der Wichern-Apotheke, der Wichern-Schule und dem Wichern-Forum. Gleich dahinter liegt ein kleines Reetdachhaus, von dem kaum jemand vermuten würde, dass es sich um die Keimzelle der modernen Diakonie in Deutschland handelt. Hier wurde die Idee der »Rettungsdörfer« für Kinder geboren – und, ganz nebenbei, der Adventskranz erfunden.

Wichern stammte aus bescheidenen Verhältnissen. Der frühzeitige Tod seines Vaters, der es in unruhigen Zeiten vom Kutscher zum Notar gebracht hatte, zwang den Jugendlichen als ältestes von acht Geschwistern dazu, seine Schullaufbahn abzubrechen und Nachhilfe- und Klavierunterricht zu geben, um die Familie finanziell zu unterstützen. Später holte er das Abitur nach, studierte Theologie und wurde Oberlehrer an der evangelischen Sonntagsschule in St. Georg.

Als Mitglied eines »Besuchsvereins«, dessen Vertreter persönlich bei den Schülerfamilien zuhause vorbeischauten, erlebte Wichern die elendigen Lebensbedingungen der Hamburger Vorstädter regelmäßig aus der Nähe. Diese Erfahrungen veranlassten ihn und weitere Vereinskollegen zu einer wegweisenden Initiative: die Gründung eines »Rettungsdorfs für verwahrloste und schwer erziehbare Kinder«.

Wichern war gerade einmal Mitte Zwanzig, als er in großbürgerlichen Kreisen und bei prominenten Hamburger Vertretern der pietistischen Erweckungsbewegung, die ihm schon das Studium ermöglicht hatten, für seine Idee zu werben begann. Auf großzügige Spender und Förderer war er angewiesen, um nicht auf staatliche Gelder setzen und so mit vergleichbaren städtischen Einrichtungen konkurrieren zu müssen.

Als Syndikus Karl Sieveking eines seiner Horner Privatgrundstücke samt Kate, Treibhaus und Fischteich zur günstigen Miete anbot, sah Wichern die Gelegenheit gekommen, sein »heiteres Luftgebilde und Traumwerk« in die Tat umzusetzen. Zur Gründung des Trä-

gervereins im September 1833 erläuterte er im vollbesetzten Auktionssaal der Börsenhalle seine Grundsätze: Elementarbildung, Erziehung durch und zur Arbeit, Gemeinschaftsbewusstsein und freie Entfaltung – das alles eingebunden im Modell der »Kinderfamilie«, eine Art betreuter Wohngemeinschaft. Da Wichern das »Sittenverderben des Volks« auf dessen Irreligiosität zurückführte und den Zerfall der christlichen Familie als eigentliche Wurzel des Übels begriff, beschränkte er sein Vorhaben nicht auf die Linderung materieller Not und den Ausgleich erzieherischer Defizite der Kinder und Jugendlichen. Er wollte ihnen vor allem die »Stütze der Religion« wieder näher bringen, damit »die ärmere Menschenmenge ihr Geschick mit Ergebung ertrage« und nicht den »Versuchungen zum Bösen nachgebe«.

Wenige Wochen nach der Gründungsversammlung bezog er mit seiner Mutter, seiner Frau und zwei Geschwistern die »Ruges Hus« genannte Kate in Horn. Um die erste »Kinderfamilie« kümmerten sich die Wicherns noch persönlich. Später kamen Gehilfen hinzu, die als so genannte Brüder je 10- bis 12-köpfige Gruppen betreuten. Das »Rettungsdorf«, von dem Sieveking als Teil des Verwaltungsrats zufrieden feststellte, es würde sich »mit unerwarterter Schnelligkeit« entwickeln, umfasste zehn Jahre nach seiner Gründung bereits acht Gebäude, einschließlich Blumen- und Obstgärten, Flächen zur landwirtschaftlichen Nutzung und Weiden für das eigene Vieh.

Außerdem war es zu einer Ausbildungsstätte für Diakone geworden, während die 1842 ins Leben gerufene »Agentur des Rauhen Hauses« (bestehend aus Verlag, Druckerei und – ab 1844 – einer Buchhandlung in der Hamburger Altstadt) die »Rettungsarbeit« im »volksmissionarischen Auftrag« ergänzte. Wicherns karitative Arbeit strahlte auch auf andere Städte aus. Allen voran seine 1848 auf dem Wittenberger Kirchentag gehaltene »Stegreifrede« machte den Begriff der »Inneren Mission« als kirchliche Sozialarbeit zur »religiösen Seelenrettung« weit über Hamburg hinaus bekannt.

Als Wichern 1881 nach langjähriger Krankheit verstarb, war das »Rauhe Haus« zu einer landesweit angesehen Institution aufgestiegen. Heute beschäftigt die von Wichern initiierte Stiftung über 1.200 Mitarbeiter, die in Schulen und Fortbildungsakademien, im Alten- oder Pflegeheim sowie in der Sozialpsychiatrie tätig sind. Nach altem Vorbild betreut das »Rauhe Haus« außerdem Hunderte von Kindern und Jugendlichen in Wohngruppen und Hausgemeinschaften, die mittlerweile in ganz Hamburg verteilt sind. Die kleine Fachwerk-Kate, mit der alles begann, wurde, wie viele andere Gebäude des Geländes, 1943 durch Bombar-

dements zerstört. Eine Rekonstruktion der »Brunnenstube der Inneren Mission« befindet sich seit 1979 an ihrer Stelle. Daneben steht eine stattliche Kastanie. Ihr Vorgänger trug das Baumhaus, in dem Wichern noch selbst mit seiner »Kinderfamilie« gespielt hat.

Familie Weiss bleibt

Seit 165 Jahren leben die Sinti in Hamburg, trotz Verfolgung in der Nazizeit

Der Georgswerder Ring ist weit über die Elbinsel hinaus bekannt. Vor allem die Gartenzwerge und Porzellanfiguren aus dem Garten des verstorbenen Familienältesten Emil Weiss haben es schon in zahlreiche Zeitungsartikel und TV-Reportagen geschafft. Zudem hat die Sinti-Siedlung der Stadt viele großartige Musiker geschenkt. Lebendig geht es hier zu. Kinder spielen auf der Straße. In den Vorgärten wird gegrillt. Die rund 500 Bewohner der 44 Reihenhäusern kennen sich gut. Fast alle tragen denselben Namen: Weiss.

Die Siedlung ist ein Resultat ihres langen Kampfes um Anerkennung und ein Zeichen ihrer Treue zu Hamburg und im speziellen zur Elbinsel, trotz Verfolgung unter Nazideutschland und anhaltender Diskriminierung. Dem Völkermord an den Roma und Sinti fiel während des Nationalsozialismus eine halbe Million Menschen in Europa zum Opfer. Fast alle Sinti-Familien in Wilhelmsburg verloren in dieser dunkelsten Phase deutscher Geschichte Angehörige und Freunde.

Um Entschädigungen und Rentenansprüche mussten die Überlebenden und Hinterbliebenen einen langen und erniedrigenden Kampf führen. Akten wurden nicht zur Verfügung gestellt. Lange wurde bestritten, Roma und Sinti seien aus rassistischen Gründen verfolgt worden. Entscheider und Gutachter waren häufig genau diejenigen, die als Beamte in den »Dienststellen für Zigeunerfragen« an den Verbrechen beteiligt gewesen waren.

Die Familie Weiss lebt seit rund 165 Jahren in Hamburg, zunächst in Harburg, unter anderem auf einem Wagenplatz oberhalb des Güterbahnhofs. Die Überlebenden der Verfolgung und des Krieges siedelten sich nach 1945 bei der Alten Fähre an den Elbbrücken an. Eine Odyssee über Brachflächen, ehemalige Hundetrainingsplätze oder wegen Kontaminierung aufgegebener Kleingartensiedlungen in Wilhelmsburg begann. Die Sinti mussten immer wieder Industriebetrieben oder Anwohnerbeschwerden weichen.

Erst 1982 erkannte die Bundesregierung den Völkermord an den Roma und Sinti und dessen rassistische Grundlage öffentlich an. Zu dieser Zeit wurden auch die Häuser am Georgswerder Ring für die Sinti gebaut. Entgegen der sich bis heute haltenden Gerüchte waren diese kein Geschenk. Die Bewohner bezahlen Miete an die Stadt.

Von Meister zu Meister

Eduard Marxsen und Johannes Brahms – ohne Musiklehrer kein »Wunderkind«

Nahe des Emil-Wendt-Parks liegt eine Grundschule und ein Kindergarten. Der Weg durch den Park ist gesäumt von Spielplätzen. An sonnigen Tagen tobt hier das Leben. Ungleich stiller muss es dagegen Mitte des 19. Jahrhunderts zugegangen sein, als diese Gegend noch zum spärlich bebauten Stadtrand Altonas gehörte. Wer an der Hausnummer 24 der damaligen Friedrichstraße vorbeikam, dürfte allerdings regelmäßig Musik vernommen haben. Unter dieser Adresse leitete ein angesehener Altonaer Musikpädagoge und Komponist eine Liedertafel. Zur gleichen Zeit steuerte einer seiner ehemaligen Schützlinge einer großen Karriere entgegen. Doch während Johannes Brahms zu Weltruhm aufstieg, geriet der Name seines Meisters fast in Vergessenheit.

Als Lehrer arbeitete der geborene Nienstedter Eduard Marxsen in einem »Erziehungsinstitut« in der wesentlich belebteren Neustadt. Eines Tages im Jahr 1843 stellte ihm der Kollege Willibald Cossel, der in der Nachbarschaft unterrichtete, einen begabten Nachwuchspianisten vor. Für den 9-Jährigen hatte Cossel seine Lehrtätigkeit eigens von St. Georg in die Stadt verlegt. Nun aber war dessen Vater im Begriff, das »pianistische Wunderkind« für eine lukrative Amerika-Reise in die Hände eines Musik-Impresarios zu geben. In Sorge um »die gesunde Entwicklung« des vielversprechenden Talents, bestürmte Cossel den renommierten Marxsen, ihn unter seine Fittiche zu nehmen. Marxsens guter Name und das Angebot, seine Dienste unentgeltlich zu leisten, stimmten die Eltern um.

Der Klavierschüler wolle das »ewige Componieren nicht lassen«, soll Cossel gegenüber Marxsen noch angemerkt haben. Diese Ambitionen förderte Marxsen aber geradezu, indem er dem Eleven fortan über mehrere Jahre mehrmals wöchentlich Theorie- und Kompositionsstunden gab. Seine Fingerfertigkeit trainierte der junge Virtuose zusätzlich durch regelmäßige Übungsstunden beim nahe gelegenen Pianofortefabrikanten Schröder. Obwohl Familie Brahms nicht mehr in den engen Gassen des Gängeviertels, sondern in einem Vorderhaus am Dammtorwall lebte, war in ihren Wohnräumen kein Platz für ein großes Instrument.

Um das Leben von Johannes Brahms ranken sich Legenden. Zur »kanonischen Erzählung« zählt auch die bekannte Aussage Brahms', Marxsen habe ihm als Komponist nichts

ASET

beibringen können. Neuere Biografien verbuchen sie als Teil des »Wunderkind«-Kults, der seinerzeit um Brahms gepflegt wurde. Wahrscheinlich hat eher Dietrich Fischer-Dieskau recht, wenn er schreibt: »Bei Marxsen lernte er die Kunst des Variierens, Durchspielens, Verkleidens und Verwandelns eines musikalischen Gedankens, wie es für sein Komponieren typisch wurde«. Schließlich soll Brahms immer wieder und noch beim Ausgestalten des 1868 fertig gestellten Orchesterwerks »Ein deutsches Requiem« seinen alten Mentor um Rat gefragt haben.

Zu dieser Zeit begnügte sich Marxsen bereits mit der Leitung seiner Altonaer Liedertafel. Das Komponieren hatte er längst aufgegeben, die Liste seiner Werke reißt jedenfalls 1848 unvermittelt ab. Bis dahin hatte der unverheiratete Mittvierziger fünf Sinfonien, zahlreiche Chor-, Kammermusik- und Klavierwerke, Klavierlieder und eine Operette verfasst. Sämtliche Orchesterwerke blieben aber unveröffentlicht.

Da das Leben Marxsens unzureichend dokumentiert ist, bleibt im Unklaren, aus welchen Gründen er sein kompositorisches Schaffen so abrupt beendet hat. Es geschah jedenfalls zu der Zeit, als der erwachsen werdende Brahms sich von Marxsen löste, um sich neuen Förderern zuzuwenden. 1881, wenige Jahre vor Marxsens Tod, widmete Brahms ihm sein 2. Klavierkonzert. Später hat Brahms alle Aufzeichnungen über sich vernichtet, die er im Nachlass seines einstigen und einzigen Kompositionslehrers finden konnte.

Als Tondichter ist Eduard Marxsen heute nur Experten ein Begriff, seine Werke werden kaum aufgeführt. Eine junge Interpretin hält ihn aber durch die Interpretation seiner Klaviersonaten noch in Ehren: Die 2005 geborene Engländerin Alma Deutscher beherrscht das Geigen- ebenso wie das Klavierspiel, mit sechs Jahren komponierte sie ihre erste Klaviersonate, mit sieben Jahren die erste Oper. Ein weiteres »Wunderkind« also.

Saubermänner Europas

Die europaweit erste Wasch- und Badeanstalt mit Warmwasser folgte dem Trend zu mehr Körperhygiene

Eine Glasfassade bis in den Himmel sauber zu halten – damit sind bestimmt einige Gebäudereiniger beschäftigt. Auch die Glastüren und Schaufenster des nach einem Planeten benannten Elektronikmarktes scheinen regelmäßig geputzt zu werden. Und im rückseitigen, runden Parkhaus funkeln frisch gewaschene Autos in der Sonne. Sauberkeit an diesem Ort hat Tradition: Genau dort, wo das Parkhaus steht, eröffnete am 5. April 1855 die erste Wasch- und Badeanstalt Deutschlands, die zugleich die erste mit warmem Wasser in Europa war.

Streng nach Geschlechtern getrennt konnten in dem kreisförmig um einen 40 Meter hohen Schornstein gebauten Gebäude Männer und Frauen in Einzelkabinen mit insgesamt 32 Wannen baden.

Zwei Meter hohe Holzwände trennten die Kabinen, die über einen Rundgang zu erreichen waren. Die Wasserhähne selbst aufdrehen durften die Badegäste nicht. Das war nur dem fachkundigen Personal erlaubt. Zusätzlich zu den Badeplätzen gab es Stände zum Wäschewaschen sowie Vorrichtungen zum Wringen, Trocknen, Mangeln und Plätten.

Das von dem Bauingenieur William Lindley geplante Gebäude folgte dem europaweiten Trend zu verstärkter Hygiene, der sich im Verlaufe der Aufklärung durchgesetzt hatte. In seinem Konzept schrieb Lindley, dass Unreinlichkeit sehr bald zu einem Mangel an Selbstachtung, Rohheit und Laster führen könne. Außerdem sei es besser, einige Feierabendstunden im Bad zu verbringen, als im Wirtshaus.

Der Großteil der Bevölkerung hatte damals keinen Zugang zu fließendem Wasser. Und zu Bademöglichkeiten schon gar nicht. Mediziner setzten sich deshalb für die Einrichtung öffentlicher Badeanstalten ein. 1842 richtete Liverpool die erste ein, weitere englische Städte folgten. Die erste Badeanstalt in Belgien nahm 1854 in Brüssel ihren Betrieb auf. Und noch bevor die für ihre Sauberkeit bekannten Schweizer 1864 in Winterthur ihre erste öffentliche Wasch- und Badeanstalt eröffneten, konnten die Hamburger schon in Wannen mit warmem Wasser steigen – sofern sie sich den recht hohen Eintrittspreis leisten konnten. Dass die Straße, an der das Wasch- und Badehaus lag, damals Schweinemarkt hieß, dürfte sie dabei kaum gestört haben.

Hafen/Michel
frei
Bereich Jungfernstieg
frei
Bereich Deichtor
frei
aufhof / Saturn
frei

WISI
ORBIT

Für das weibliche Geschlecht

Trotz Schikanen und politischem Druck setzte sich Emilie Wüstenfeld im 19. Jahrhundert für Frauenrechte ein

Für die Errichtung der Speicherstadt wurden Hunderte Wohnhäuser an den Fleeten und Kanälen der südlichen Altstadt dem Erdboden gleich gemacht. Auch die Hausnummer 25 des Holländischen Brook existiert seit Ende des 19. Jahrhunderts nicht mehr. Nur ungenau lässt sich heute bestimmen, wo Emilie Wüstenfeld einst die »Hochschule für das weibliche Geschlecht« eröffnete – und damit ihr unermüdliches Engagement um die Rechte der Frauen begann.

Die 1817 geborene Emilie Capelle stammte aus einer Hannoveranischen Kaufmannsfamilie. Als Fünfjährige hatte sie ihren Vater verloren. Mit Mitte Zwanzig heiratete sie den Kaufmann Julius Wüstenfeld, mit dem sie drei Kinder zeugte und im Jahr vor dem »Große Brand« nach Hamburg kam. Da das Feuer auch die Gegend verwüstete, in der sich die Wüstenfelds nieder gelassen hatten, verlegte die Familie ihren Sitz anschließend in eine größere Wohnung im Holländischen Brook. Nur ein paar Hausnummern weiter fand sie 1850 die geeigneten Räumlichkeiten, um eine Lehranstalt für junge Frauen zu gründen. Die »Hochschule für das weibliche Geschlecht« bildete ihre Schülerinnen in »frauenspezifischen« Tätigkeiten weiter, wie zum Beispiel in der Erziehung von Kindern.

Der Begriff »Hochschule« wirkt angesichts der angebotenen Fächer etwas übertrieben. Aber sie war die erste Einrichtung dieser Art im ganzen Land. Und lässt erahnen, was Wüstenfeld eigentlich vorschwebte: dem »weiblichen Geschlecht« einen besseren Zugang zur Bildung zu verschaffen. Dabei war ihr wohl bewusst, dass sie selber als Kind und Jugendliche gewisse Privilegien genossen hatte, indem sie eine Bürgerschule besuchen durfte und zusätzlich noch Privatunterricht in Zeichnen, Musik und Fremdsprachen erhielt.

Die »Hochschule« im Holländischen Brook, die schon nach zwei Jahren mangels Unterstützter und auf politischen Druck hin schließen musste, war nicht die einzige Einrichtung, mit der sie ihr Vorhaben vorwärts trieb. Emilie Wüstenfelds fortschrittliche Gesinnung kam schon 1846 zum Tragen, als sie den ökumenischen »Frauenverein zur Förderung freier christ-

licher Gemeinden und humaner Zwecke« ins Leben rief. 1866 gehörte sie zu den Initiatorinnen einer Armenschule für Mädchen im Paulsenstift. Ein Jahr später gründete sie den »Verein zur Förderung der weiblichen Erwerbstätigkeit« und eröffnete eine Gewerbeschule für Mädchen und Frauen in der Straße Pumpen.

Nicht selten geriet Emilie Wüstenfeld mit ihren Aktivitäten und der liberalen Haltung, die ihnen zugrunde lag, in die Kritik von konservativen Kräften. Orthodoxe Pietisten feindeten sie an, weil ihre Anstalten Schülerinnen aller Konfessionen und aus verschiedenen sozialen Schichten aufnahm. Dass Wüstenfeld auch Frauen das Scheidungsrecht zusprach und sogar selbst entsprechende Absichten hegte, galt als skandalös. Wegen ihrer Hilfsbereitschaft gegenüber religiös und politisch Verfolgten war sie den Schikanen der Polizei ausgesetzt.

Mit Anfang Fünfzig erkrankte Emilie Wüstenfeld so schwer, dass ihre Ärzte ihr von sämtlichen Vereinstätigkeiten abrieten. Sie machte trotzdem weiter, denn »sie wird keine Ruhe finden, bis sie sich selbst aufgibt«, wie ein Freund damals bemerkte. Und so kam es dann auch: Im Oktober 1874 erlag Emilie Wüstenfeld einem Schlaganfall. In den folgenden Jahren wurden die Stätten ihres Schaffens mit Handels-, Kontor- und Lagerhäusern überbaut, die heute unter Denkmalschutz stehen und zum UNESCO-Weltkulturerbe zählen. An die »hervorragende Frau« Emilie Wüstenfeld erinnert dagegen eine Sammelgrabtafel auf dem Althamburgischen Gedächtnisfriedhof in Ohlsdorf.

Karbunkeln am Hintern

Die in Hamburg verlegte Erstausgabe von »Das Kapital« war eine schwere Geburt

Steuerberatung, Vermögensverwaltung, Personalmanagement – an dieser Adresse regiert der Zaster. Um Geld und dessen Vermehrung ging es auch, als ein notorisch klammer Londoner Journalist mit engbekritzelten Papierbündeln im Gepäck im April 1867 den Segelraddampfer »John Bull« nach Hamburg bestieg. Dort musste eine Buchveröffentlichung voran getrieben werden, deren unglaublicher Umfang zu diesem Zeitpunkt noch nicht abzusehen war – ebenso wenig, wie die weltweite Bekanntheit, die das unter Strapazen entstandene und zunächst in Kleinstauflage veröffentlichte Werk schließlich erlangen würde.

Teile des Manuskripts befanden sich bereits im Verlagshaus. Mit dem Rest war der Autor, der die »ganze ökonomische Scheiße« längst abgeschlossen haben wollte, stark im Verzug. Kurz vor der Abfahrt meldete sich Karl Marx bei seinem Freund und Förderer Friedrich Engels in Manchester: »Ich hatte mir vorgenommen, Dir nicht zu schreiben, bis ich Dir das Fertigstellen des Buches anzeigen könnte, was jetzt der Fall ist«. Die »Ursachen des abermaligen Aufschubs« erklärte er unter anderem mit gesundheitlichen Problemen, »nämlich Karbunkeln am Hintern und in der Nähe des Penis«. Dass Marx, halbwegs wieder genesen, eine stürmige 50-stündige Schiffsreise auf sich nahm, obwohl er die letzten Manuskriptseiten, wie die vorherigen auch, mit der Post hätte senden können, hatte gute Gründe. Vor allem wollte er dem Hamburger Verleger, den Engels ihm vermittelt hatte, persönlich auf den Zahn fühlen. Im Vorfeld war es nämlich zu Unstimmigkeiten darüber gekommen, wann die Herstellung des Buches beginnen sollte. Marx, der den Aufwand der weiteren Produktionsschritte unterschätzte, drängte auf baldmögliche Veröffentlichung, obwohl er noch gar nicht alle Manuskriptseiten abgeliefert hatte. Verleger Otto Meissner bestand allein schon aus technischen Erwägungen darauf, erst das vollständige Werk in den Druck zu geben.

Nach seiner Ankunft in Hamburg dauerte es nicht lange, bis Marx sich hier in guten Händen sah. Über alles Geschäftliche wurde er sich mit Meissner schnell einig. Beim gemeinsamen »Kneipen« in den Lokalen der Hamburger Innenstadt entwickelte sich ein freundschaftliches Verhältnis. Schon im nächsten Brief an Engels äußerte sich Marx zuversichtlich: »In

Tee

Meissner haben wir einen Mann ganz zu unserer Disposition, er hat große Verachtung für das sämtliche Lumpenliteratenpack.« Meissner hatte als junger Mann in der »Oppositions-Buchhandlung Hoffmann & Campe« gearbeitet, im Revolutionsjahr 1848 gründete er seinen eigenen Verlag. Er gehörte zu den Organisatoren und Propagandisten des Schillerfestzugs von 1859, bei dem Zehntausende Hamburger für eine Verfassungsreform durch die Stadt zogen. Als überzeugter Republikaner und Verfechter der Presse- und Gedankenfreiheit hegte er Sympathie für die Ansichten von Marx. Und jetzt, wo dessen letzte Manuskripte endlich in Reinschrift vorlagen, konnte Meissner die Herstellung des nunmehr seit zwei Jahren geplanten Buches in Auftrag geben. Im September 1867 wurde der erste Band von »Das Kapital« als broschiertes Buch in einer Startauflage von 1.000 Stück ausgeliefert. Der Abverkauf lief zunächst gut an, schleppte sich dann aber über vier Jahre hinweg.

Marx arbeitete Zeit seines Lebens an weiteren Bänden seines Hauptwerks. Die Veröffentlichung einer Gesamtausgabe erlebte er jedoch nicht mehr. Nach seinem Tod im Jahr 1883 fasste Engels die verbliebenen Manuskripthaufen in mühevoller Entzifferungs- und Ordnungsarbeit zu weiteren Büchern zusammen, die 1885 und 1894 ebenfalls in Meissners Verlag erschienen. Im Vorwort zum letzten Band äußerte sich Engels seinerseits über die Kraftanstrengungen, die es benötigte, »dies dritte Buch des Marx'schen Hauptwerks der Öffentlichkeit zu übergeben.« Neben den »technischen Schwierigkeiten« beim Editieren des besonders anspruchsvollen »theoretischen Theils«, erwähnte er eine »anhaltende Augenschwäche«, die seine »Arbeitszeit für Schriftliches jahrelang auf ein Minimum beschränkte.« Als der dritte Band herauskam, war Engels schon über Siebzig. Im Jahr darauf verstarb er. Otto Meissner überlebte zwar seine beiden prominentesten Autoren. Doch bevor er 1902 verschied, konnte auch er kaum erahnt haben, welche Bedeutung das von ihm verlegte Mammutwerk bald erhalten würde.

Heute zählt »Das Kapital« zu den auflagenstärksten und einflussreichsten Büchern der Literaturgeschichte. Es wurde in über 40 Sprachen übersetzt und ist als Hörbuch oder Manga zu haben. Auch an Sekundärliteratur, die den abstrakten Stoff etwas zugänglicher macht, mangelt es nicht. Der erste Band gehört zum Weltkulturerbe der UNESCO. Zum 150. Jubiläum seiner Erstveröffentlichung wurde im Mai 2017 eine Gedenktafel an der Bergstraße 26 angebracht. Sie erinnert daran, dass die als »Wurfgeschoss gegen die Bourgoisie« verfasste »Bibel der Ökonomen« von der Bürger- und Kaufmannsstadt Hamburg aus in die Welt ging.

EUROPA PASSAGE
denn's
BIOMARKT

Schanzenstraße 20-24, Sternschanze

Weiße und schwarze Tasten

Wo der Klavierbauer Steinway & Sons in Hamburg seinen weltweiten Aufstieg begann

Das Straßenschild der Ludwigstraße hängt schief und zeigt in die falsche Richtung. Die Ecke in der Schanze hat so einiges an Veränderungen mitgemacht. Hier gab es Trümmergrundstücke und Baubrachen, eine Straßenbahn, eine Tankstelle und jede Menge Fabrikgebäude. Heute stößt man auf Modegeschäfte, Friseure, Bars und einen so genannten Premium Reseller für digitale Geräte mit einem angebissenen Stück Obst als Logo.

Nur noch ein altes Fabrikgebäude aus Rotklinker auf dem Hinterhof gegenüber erinnert an alte Zeiten. Ein Bio-Supermarkt nutzt die renovierte Halle. Schwer vorzustellen, dass sich auf diesem Gelände einst die Produktionsgebäude von Steinway & Sons befanden, dem wohl weltbesten Klavier- und Flügelbauer.

Udo Jürgens mag einen Flügel von Schimmel gespielt haben. Eine Liste bedeutender Musiker mit einem Steinway, angefangen bei Richard Wagner, wäre zu lang für dieses Buch. 1853 von dem deutschen Auswanderer Henry E. Steinway in New York gegründet, wurde bereits 1880 die Niederlassung in der Schanzenstraße eröffnet. Die Hamburger Fertigung entwickelte sich zur wichtigsten Produktionsstätte. Von der Schanzenstraße aus wurde die ganze Welt bedient, nur nicht der amerikanische Markt. Über die Jahre wuchs die Piano- und Flügelfabrik durch zahlreiche Anbauten, die sich über mehrere Blocks erstreckten. Bis das Unternehmen 1920 an den Rondenbarg in Bahrenfeld zog.

Ein Flügel von Steinway & Sons ist Erbstück, Geldanlage oder Prestigeobjekt – vor allem aber ein fantastisches Instrument. Mit 128 Patenten kann Steinway getrost als Erfinder des Flügelbaus bezeichnet werden. Viele Entwicklungen aus Hamburg haben weltweit Standards gesetzt: Zum Beispiel der Resonanzboden aus Massivholz, der zu den Enden hin ausgedünnt ist und wie eine Membran schwingt. Oder die darüber befindliche, 150 Kilogramm schwere Gussplatte. Sie fängt die Zugkräfte von bis zu zwanzig Tonnen auf, die von den Saiten ausgehen. Was sind dagegen schon digitale Geräte mit einem angebissenen Stück Obst als Logo.

FORZA SANKT PAULI
XIII
AUTOMAT
Parkschein hier lösen
30
Schanzenstraß
coffee

Wunden heilen

Der Apotheker Paul Beiersdorf erfand das Heftpflaster, wie wir es heute kennen

Die Ost-West-Straße ist eine der Hauptschlagadern im Hamburger Straßenverkehr. Ihrer Planung und Bebauung nach dem Zweiten Weltkrieg fiel ein großer Teil des alten Stadtbilds zum Opfer. Auch einige Straßen mussten dran glauben. Wie zum Beispiel die Mühlenstraße, die früher den Zeughausmarkt mit dem Vorplatz von St. Michaelis verband. An ihrer Stelle befindet sich heute eine moderne Wohnanlage. Eines der Häuser steht womöglich auf dem Grundstück der ehemaligen Apotheke von Paul Beiersdorf, dem Erfinder des Heftpflasters und Gründer eines mittlerweile millionenschweren Unternehmens.

Als der Pharmazist aus Neuruppin sich 1880 in der Mühlenstraße niederließ, hatte er bereits eine technische Fabrik in Moskau geleitet und zwei Apotheken in Berlin betrieben. In Hamburg intensivierte er seine experimentelle Arbeit mit medizinischen Präparaten. Zusammen mit dem Dermatologen Paul Gerson Unna entwickelte er den Wundschnellverband beziehungsweise das »gestrichene Pflaster«, wie es in der Patentschrift von 1882 steht, die als Gründungsmoment der Firma Beiersdorf gilt. Ihre ureigenste Erfindung waren die Heftpflaster aber nicht. Denn Darstellungen aus dem späten Mittelalter lassen darauf schließen, dass man auch damals schon kleine Wunden mit haftenden Auflagen bedeckt hat, um die verletzte Stelle zu schützen. Vielmehr haben Beiersdorf & Co. mit dem Patent also eine alte Idee der neuen Zeit angepasst. Und dies lange bevor mit Penicillin die entscheidende Entdeckung zur Eindämmung von Infektionen gemacht wurde. Unzählige, leicht vermeidbare Entzündungen dürften mit Beiersdorfs optimiertem Heftpflaster verhindert worden sein.

Die größten Wunden, die Beiersdorf selbst erfahren musste, betrafen nicht seinen Körper, sondern eher seine Seele. Nach dem Selbstmord seines 16-jährigen Sohnes, der sich wegen schulischen Misserfolgen erschoss, verkaufte Beiersdorf seine Firma an Oscar Troplowitz. Dieser machte daraus ein weltweit tätiges Unternehmen mit Hunderten Angestellten. Beiersdorfs persönliche Geschichte hingegen endete tragisch: Weil er sein gesamtes Vermögen an Bauspekulanten verlor und ihm ein Neuanfang als Apotheker nicht gelang, nahm er sich 1896 mit Gift das Leben. Sein Name haftet aber bis heute am Firmenschild des von ihm begründeten Unternehmens, das seit 2008 im DAX gelistet wird.

Die Waffen nieder!

In Hamburg erfand Alfred Nobel das Dynamit, gemeinsam mit der Pazifistin Bertha von Suttner schuf er den weltbekannten Friedenspreis

Vom Parkplatz des Atomkraftwerks Krümmel führt ein schottriger Waldweg in einen Forst hinein. Schilder warnen davor, den vorgeschriebenen Pfad zu verlassen. Es bestehe »Einsturzgefahr«. Nach einigen Metern erscheint links vom Weg ein alter Wasserturm. Das Gelände ist eingezäunt, Betreten verboten. Zwei Info-Tafeln des »Förderkreis Industriemuseum Geesthacht« geben darüber Auskunft, dass sich hier einst die Fabrik von Alfred Nobel befand. Der schwedische Chemiker entwickelte in Krümmel einen Stoff, der zur Sicherheit bei Sprengarbeiten im Berg-, Tunnel- und Straßenbau beitrug. Später setzte er zusammen mit Bertha von Suttner eine visionäre Idee in die Welt: die Menschheit von der Geißel des Krieges zu befreien. Damit begründeten sie die erste internationale »Friedensbewegung«.

Alfred Nobel verließ Schweden in den 1860er Jahren, nachdem die dortigen Behörden ihm seine Sprengstoff-Experimente untersagt hatten. Als neuen Standort wählte er Krümmel bei Geesthacht, das damals noch zum Hamburger Stadtgebiet gehörte. Der Ort lag abgelegen und war kaum bewohnt. Eine geeignete Gegend für eine Sprengstofffabrik, in der immer wieder Unfälle passieren konnten, wie etwa jener von 1864, der Nobels Bruder Emil und mehreren Mitarbeitern das Leben gekostet hatte.

Solche Tragödien beflügelten Nobels Erfindungsreichtum und trieben seine zentrale Geschäftsidee voran: die technische Handhabbarkeit des Nitroglycerin zu verbessern, um bei dessen Einsatz die »Kollateralschäden« auf ein Minimum zu reduzieren. Mit der Entwicklung von »Dynamit« gelang Nobel 1867 der Durchbruch. Das neue Sprengöl wurde in alle Welt verkauft (zum Beispiel zum Kanalbau nach Panama) und ermöglichte Nobel die Erweiterung seines Unternehmens und die Errichtung weiterer Fabriken und Laboratorien.

Neben dem Dynamit, das nicht als waffentauglich galt, meldete Nobel noch eine ganze Reihe weiterer Patente an. So revolutionierte das »Ballistit« die Schusstechnik von Pistolen, Gewehren und Kanonen und verschaffte Nobel den Einstieg ins Rüstungsgeschäft.

Zwei Ereignisse führten schließlich dazu, dass der als friedliebend, introvertiert und musisch begabt geltende Erfinder seine geschäftlichen Erfolge kritisch zu überdenken begann: Die Titulierung als »Kaufmann des Todes« durch eine französische Zeitung entsetzte Nobel und warf in ihm die Frage auf, wie ihn wohl die Nachwelt betrachten würde; während die Bekanntschaft mit Bertha von Suttner, die für nur eine Woche als Sekretärin bei ihm arbeitete und mit der er eine langjährige Brieffreundschaft aufrecht erhielt, seine Einstellung zu Krieg und Frieden schärfte. Und den kinderlosen Nobel letztlich dazu veranlasste, fast sein gesamtes Vermögen einer Stiftung zuzuführen, um Menschen zu ehren, die besondere Leistungen für die Menschheit erbracht haben. Mediziner, Literaten, Physiker und »Friedensarbeiter«.

1901, fünf Jahre nach Nobels Tod, wurden erstmals die nach ihm benannten Preise verliehen. Bertha von Suttner war inzwischen zu einer europaweit bekannten Aktivistin geworden. Ihr noch zu Nobels Lebzeiten veröffentlichter pazifistischer Roman »Die Waffen nieder!«, der die Schrecken des Krieges aus der Perspektive einer Ehefrau schildert, erregte großes Aufsehen. Suttner engagierte sich auch in der Frauenbewegung und beteiligte sich an der Organisation der »Ersten Haager Friedenskonferenz«. Sie gründete die Deutsche Friedensgesellschaft und nahm an Kongressen in Rom, München und Hamburg teil. 1905 erhielt sie als erste Frau den Friedensnobelpreis.

Ihr schriftlicher Austausch mit Nobel ist leider nicht erhalten. Aber die darin geäußerten Gedanken haben überlebt. Sie mündeten in Errungenschaften wie dem Internationalen Gerichtshof, dem Völkerbund und der UNO. Selbst Nobels paradox anmutende Idee vom »Gleichgewicht des Schreckens«, mit der er sein Rüstungsgeschäft legitimierte (und die selbst pazifistische Denker wie Albert Einstein kurzfristig den Bau der Atombombe empfehlen ließ), fruchtete in gewisser Weise während des »Kalten Krieges« zwischen NATO und dem Warschauer Pakt. In dieser Zeit wuchs auch die »Friedensbewegung« zu einem Massenphänomen heran. Den Keim dafür setzten ein schwedischer Chemiker und seine kurzzeitige Privatsekretärin.

Ein-Mann-Brandwache

Von der Cholera verschont

Eine moderne Wasserversorgung rettete die Bewohner des Hamburger Hof

Vögel zwitschern von den Bäumen. Bewohner genießen in den kleinen Vorgärten die ersten Sonnenstrahlen. Der Hamburger Hof ist eine ruhige Idylle mitten in der Schanze, kaum gestört von johlenden Partygängern und dem Lärm der Autos, die hinter dem Torbogen über das Kopfsteinpflaster des Schulterblatt rasen. Wie im Auge des Orkans muss es sich hier auch Ende August 1892 angefühlt haben. Die Cholera wütete in der Stadt. An manchen Tagen wurden über eintausend Neuerkrankungen gemeldet. Vorne auf dem Schulterblatt hielten Kutschen vor den Häusern, um die Erkrankten in die Spitäler ab zu holen. Eiligst zusammen gestellte Desinfektionstrupps gingen durch die Nachbarschaft und versuchten mit Chlorkalk die Erreger abzutöten. Und auf Handkarren wurden die Leichen der Verstorbenen in eines der Massengräber gebracht, die rund um die Uhr ausgehoben wurden.

Wie durch ein Wunder erkrankte von den damals 345 Bewohnern des Hamburger Hof nicht ein Einziger. Ein Wunder allerdings war das nicht. Sie hatten schlichtweg das Glück, an die moderne Wasserversorgung des preußischen Altona angeschlossen zu sein – und nicht an die der Freien und Hansestadt Hamburg. Die Grenze zwischen Hamburg und Altona verlief damals mitten durch das Schulterblatt. Ihr Verlauf war unübersichtlich und manchmal nur an den unterschiedlichen Uniformen der patrouillierenden Polizisten zu erkennen. Selbst so kleine Wohnquartiere wie den Hamburger Hof durchschnitt sie. Das rettete seinen Bewohnern das Leben.

Die Verseuchung des Hamburger Leitungswassers mit den Cholera-Erregern war der Hauptgrund für die explosionsartige Ausbreitung der Seuche in nur wenigen Tagen. Hamburg entnahm sein Leitungswasser ungereinigt aus der Elbe und mit ihm die Todesbringer. Der Sommer war heiß und das Wasser der Elbe 22 Grad warm. Beste Voraussetzungen für die Vermehrung und Verbreitung der Erreger. Ihre Ausbreitung hätte durch eine Sand-Filtrationsanlage verhindert werden können. Altona betrieb so eine Anlage seit 1859. Auch hatte man in der Nachbarstadt zeitnah nach den ersten Fällen von Cholera das kaiserliche Gesundheitsamt in Berlin informiert und Maßnahmen zur Eindämmung der Epide-

mie ergriffen. Der sich aus der Kaufmannschaft rekrutierende Hamburger Senat hingegen zögerte alles das hinaus. Man fürchtete Gesundheitskontrollen und Quarantäne. Hätten sie doch die Geschäfte in Handel und Hafen gefährdet. Zudem gab es in der Hansestadt noch die weit verbreitete Meinung, die Cholera werde durch schädliche Ausdünstungen aus dem Erdreich ausgelöst und verbreitet. Erst der aus Berlin gesandte Robert Koch, Mitbegründer der Bakteriologie, half dem Senat auf die Sprünge.

Schon 1870 war der Hamburger Regierung eine Sand-Filtrationsanlage vorgeschlagen, aufgrund zahlreicher Einwände und Verzögerungen aber erst 1890 genehmigt worden. Sie sollte 1894 fertig gestellt werden. Zu spät. An der großen Cholera von 1892 erkrankten knapp 17.000 Menschen, fast die Hälfte von ihnen starb. Sie war mit Abstand die schwerste der zahlreichen Cholera-Epidemien des 19. Jahrhunderts in Hamburg. Aber sie war die letzte. Denn nun endlich handelte der Senat. Auf Kaltehofe wurde ein neues Wasserwerk mit Filteranlage in Betrieb genommen, ein Gesetz gegen unhygienische Wohnverhältnisse erlassen und die Gängeviertel saniert. Hamburg bekam die erste Müllverbrennungsanlage Deutschlands. Und eine Verfassungsänderung ermöglichte die politische Teilhabe weiterer Kreise der Bevölkerung.

Das ist die helle Seite der Medaille. Das Ausbleiben der Cholera auf dem Hamburger Hof hat zu diesen Verbesserungen beigetragen. Lieferte es doch einen anschaulichen Beweis dafür, dass die dramatische Ausbreitung der Cholera durch eine bessere Wasserversorgung hätte verhindert werden können.

Die Nase im Wind

Lange setzte die Reederei F. Laeisz auf segelnde Frachtschiffe und damit auf die Nutzung erneuerbarer Energie

Wellen kräuseln das brackige Wasser des Nikolaifleets. Die beiden Flaggen auf dem Dach des Laeiszhof, dem 1897 errichteten Kontorhaus der Reederei F. Laeisz, flattern aufgeregt im Wind. Flaute in Hamburg, das kommt selten vor. Das dürfte auch den Gründern und Nachfolgeinhabern des legendären Unternehmens nicht entgangen sein.

Eine Reederei in diesem Buch? Diese schon. Länger als alle anderen hielt die Reederei F. Laeisz an der Segelschifffahrt fest. Und schuf damit ein bis heute beeindruckendes Beispiel für die Möglichkeiten umweltfreundlicher Antriebstechniken.

Zwischen den Fahnen reckt sich die Statue des grünen Pudels in den Himmel. Die Frau von Carl Laeisz, Sohn des Gründers Ferdinand, trug aufgrund ihrer Frisur den Spitznamen Pudel. Ihr Mann taufte das zweite Schiff des Unternehmens auf diesen Namen. Damit begründete er die Tradition, allen Schiffen einen mit einem »P« beginnenden Namen zu geben. Die legendären Flying-P-Liner durchpflügten die Ozeane der Welt, holten Salpeter aus Chile oder Weizen aus Australien und Nordwestamerika. Ob »Preussen« oder »Pamir«, ob »Padua« oder »Priwall« – die Großsegler waren berühmt für ihre Geschwindigkeit und Zuverlässigkeit.

Selbst 1913, als die meisten anderen Reedereien längst auf motorisierte Schiffe setzten, gab es noch keinen einzigen Dampfer in der Flotte der Laeisz-Reederei. In ihrem Auftrag lief noch 1926 der letzte Fracht-Rahsegler der Weltgeschichte vom Stapel. Wäre das nicht eine Tradition, an die heute die Schifffahrt, ob für Kreuzfahrtdampfer oder Containerriesen, anknüpfen sollte? Anstatt weiterhin die Luft mit giftigen Schweröl-Emissionen zu verpesten? Ideen dafür gibt es, wie etwa das Zugdrachensystem des ebenfalls in Hamburg gegründeten Unternehmens Sky Sails Group. Am Schlepptau des Drachens sollen große Frachtschiffe oder Yachten Treibstoff sparen. Das müsste dem grünen Pudel auf dem Dach des Laeiszhof doch eigentlich gefallen.

FL

Satt durch Selbsthilfe

Die Gründung der »Produktion«-Genossenschaft verbesserte die Grundversorgung der Bevölkerung

Die Gastro-Dichte ist hoch an dem Platz mit dem Kopfsteinpflaster und der historischen Litfaßsäule. Bayrisches Wirtshaus, Irish Pub, Kebap House, mexikanische und griechische Küche, Sushi und natürlich eine Trattoria. Wer hier essen gehen will, den quält die Wahl.

Die Gründer der Konsumgenossenschaft »Produktion« trieben andere Sorgen um, als sie hier am 17. Juli 1899 ihre erste Verkaufsstelle eröffneten. Sie wollten Arbeiter mit preisgünstigen Lebensmitteln versorgen. Entsprechend schlicht ging es bei der Einweihungsfeier zu: » ... ohne Zeremonie, äußerlich still, ohne Rede und Gesang ... und doch herrschte eine gehobene Stimmung ...«, hielt eines der Aufsichtsratsmitglieder fest. Zu gehobener Stimmung gab es allen Grund. War die Eröffnung doch der Startschuss für eine neue Bewegung, die innerhalb weniger Jahre ein großes Netz genossenschaftlicher Selbsthilfe knüpfte. Und damit ein Gegenmodell zum Kapitalismus schuf.

Erst wenige Monate zuvor hatte die »Produktion« sich gegründet. Auf der konstituierenden Versammlung im Januar 1899 waren überschaubare 700 Mitglieder anwesend. Dann aber ging alles sehr schnell. Kurz nach der ersten Verkaufsstelle am Großneumarkt eröffneten weitere, in Arbeiterquartieren wie Altona, Barmbek, Bahrenfeld und Eimsbüttel. Wenig später folgte das Zentrallager auf einem eigenen Grundstück in Hamm, mit angegliederten Werkstätten und preisgünstigen Wohnungen.

Selbsthilfe war dringend nötig. In den Zentren der Industrialisierung lebten die Arbeiter und ihre Familien in engen und schlecht ausgestatteten Wohnungen. Ihren Bedarf an Lebensmitteln mussten sie bei Krämern decken, von denen sie oft durch Verschuldung abhängig waren. Dort sahen sie sich häufig ungenauem Wiegen und dem Verkauf verdorbener oder minderwertiger Ware ausgesetzt. Hinzu kam die Not infolge politischer Kämpfe. In Hamburg war es vor allem der große Streik der Hafenarbeiter und Seeleute im Winter 1896/97, der zu Aussperrungen und Schwarzen Listen der Arbeitgeber führte. Schnell waren die Streikkassen der Gewerkschaften leer. Zudem waren viele der Streikenden gar nicht organisiert. Überall in den industrialisierten Ländern Europas entstanden zu dieser Zeit Genossenschaften. Vorbild war die 1844 von den Flanell-Webern gegründete im englischen Roch-

dale. Sie stand allen offen. Die Mitglieder hatten gleiches Stimmrecht und waren an der Ausschüttung der Überschüsse beteiligt.

Auch in Hamburg hatte es seit der Mitte des 19. Jahrhunderts Vorläufer gegeben. Sie scheiterten unter anderem an den Widerständen mächtiger Interessensgruppen, wie der Vereinigung der Krämer. Aber auch Vertreter der Arbeiterbewegung, wie etwa Ferdinand Lasalle, sprachen sich gegen die Idee aus, weil sie dem Arbeiter nicht dort hülfen, wo ihn der Schuh wirklich drücke: bei der Erlangung der Macht über die Produktionsmittel.

Es dauerte nur wenige Jahre, bis die »Produktion« nach der Eröffnung des Ladens am Großneumarkt genau das tat: Sie gründete eigene Werkstätten und Betriebe. In ihnen fanden Mitglieder der Gewerkschaften Arbeitsmöglichkeit, wenn sie aufgrund ihrer politischen Aktivitäten auf die Schwarzen Listen der Unternehmerverbände geraten waren und oft im gesamten Reich keine Arbeit mehr fanden. Ein Beispiel dafür ist der gelernte Glasbläser und spätere Hamburger Bürgermeister Max Brauer.

Kurz vor dem Ersten Weltkrieg betrieb die Genossenschaft für ihre nun 50.000 Mitglieder fast hundert Verkaufsstellen. Nach dem Krieg wuchs sie rasant weiter und beschäftigte 1928 fast viereinhalbtausend Mitarbeiter.

Dann kamen Gleichschaltung sowie Verfolgung und Vernichtung zahlreicher Gewerkschafter unter den Nationalsozialisten. Nach dem Zweiten Weltkrieg gelang der »Produktion« der Wiederaufbau. Doch unter veränderten Vorzeichen, da mit Discountern und Supermärkten eine neue Konkurrenz entstand. Noch einmal sorgte die »Produktion« für eine Innovation: 1948 eröffnete sie am Berliner Tor einen der ersten Selbstbedienungsläden in Westdeutschland. Dann ging ihr Stern unter. Die Konsumgenossenschaften der Gewerkschaften wurden zunächst zur »co-op« zusammengefasst. Wegen Bilanzmanipulationen und Vermögensverschiebungen durch ihre Vorstände geriet diese in die Zahlungsunfähigkeit und wurde aufgelöst. Die Reste der »Produktion« verschwanden im Dickicht verschiedener Übernahmen in der Einzelhandelsbranche.

Auch das Haus der Verkaufsstelle am Großneumarkt 17 ist verschwunden. Nicht einmal die Hausnummer gibt es noch. Das in der Nachkriegszeit gebaute Haus Nummer 16 erstreckt sich bis zu dem klassizistischen Eckhaus mit der Nummer 20. Dazwischen klafft eine Nummernlücke. Die Idee aber lebt weiter: Ob die »taz«, »Greenpeace Energy«, Bio-Läden oder Wohnprojekte, viele alternative Modelle wählen auch heute noch die Rechtsform einer Genossenschaft.

Satire gegen Spießbürger

Wie sich ein Kunsthandwerker an einem Politiker rächte, der ihn wegen Erregung öffentlichen Ärgernisses angezeigt hatte

Die meisten Hamburger kennen es als Adresse eines bekannten Modeausstatters. Dass das kleine, aber auffällige »Hulbe-Haus« am Ende der Mönckebergstraße aber einmal zu den ersten Adressen des Hamburger Kunstgewerbes zählte, lässt seine kunstvoll verzierte Fassade bestenfalls erahnen. Eine winzige Steintafel, die darauf zu sehen ist, zeugt zudem von einem Streit zwischen einem angesehenen Künstler und einem verspießten Politiker.

Das Hulbe-Haus war Anfang der 1910er Jahre Teil einer groß angelegten Altstadt-Sanierung, in dessen Zuge die Mönckebergstraße überhaupt erst entstand. Inmitten moderner Kauf- und Kontorhäuser sollte das mit einem Rundturm versehene Backstein-Gebäude als Vermittler zur direkt benachbarten St. Petri Kirche dienen. Zusammen mit dem Architekten und Mitglied der »Mönckebergstraßenkommission« Henry Grell wollte Bauherr Georg Hulbe damit einen städtebaulichen Akzent setzen. Die Kosten für das neue »Kunstgewerbehaus Hulbe« beliefen sich auf 180.000 Mark. Der Buchbinder und Kunsthandwerker Hulbe war gut im Geschäft. Zuvor hatte er mehrere große Aufträge, unter anderem für den Berliner Reichstag, abgeschlossen.

Abgesehen vom architektonischen Kuriosum, das das Hulbe-Haus darstellt, erzählt es auch die Geschichte einer amüsanten Affäre: Weil Hulbe, der neben seiner kunsthandwerklichen Arbeit auch Ausstellungen organisierte, in seinem Verkaufsladen am Jungfernstieg vermeintlich anstößige Bilder des Malers Ferdinand von Reznicek für den Münchner »Simplicissimus« ausgestellt hatte, verklagte ihn der Anwalt und Bürgermeister-Bruder Rudolf Mönckeberg wegen »Erregung eines öffentlichen Ärgernisses«. Der Prozess im Frühjahr 1911 schlug hohe Wellen in der zeitgenössischen Presse. Hulbe berappte zur Strafe 50 Mark (ein Brot kostete damals ungefähr eine halbe Mark). Anschließend »rächte« er sich mit einem Relief, das er an der Front seines soeben fertig gestellten neuen Hauses anbringen ließ. Die Plastik zeigt einen Mönch auf einem Esel, der von einem Narren geführt wird, während der Wasserträger Hummel dem Gespann ein unflätiges Wort nachruft

OMEN

– eine hintergründige Verballhornung der Familie Mönckeberg, in dessen Familienwappen ein Mönch im Mittelpunkt stand.

Rudolf Mönckeberg war offensichtlich kein Freund von freizügigen Darstellungen. Er galt als strammrechts und als erbitterter Feind der Sozialdemokratie. Von 1892 bis 1917 gehörte er der Hamburgischen Bürgerschaft an. Auch Hulbe kannte das Rathaus von innen – allerdings eher als Handwerker. Neben vielen weiteren Arbeiten fertigte er auch die Leder-Ausstattung der Möbel an, auf denen es sich die Politiker dort bequem machten. Über seine politische Einstellung ist wenig bekannt. Vermutlich stand auch er eher den Konservativen nahe. Doch wie es heißt, habe ihn schlicht die Art Mönckebergs gestört. Wäre er persönlich gebeten worden, hätte er die betreffenden Bilder umstandslos entfernt. Schließlich kannte man sich. Beide waren Mitglied im »Hamburger Künstlerverein von 1832«.

Mönckeberg und Hulbe verstarben schließlich im selben Jahr, 1917. Das Hulbe-Haus wurde 1930 verkauft. Bei den Bombardements von 1943 erlitt es zwar leichte Schäden, konnte aber schon 1947 wieder hergestellt werden. 30 Jahre später sorgte ein starker Sturm dafür, dass die auf dem Hausdach angebrachte vergoldete Kogge, das Firmensignet Hulbes, restauriert werden musste. Bei diesen Arbeiten fand man einen »Brief an die Nachwelt«, den Hulbe im Schiffsmodell hinterlassen hatte. Darin kritisiert er unter anderem die oberflächlichen Kunstbestrebungen seiner Zeit. Das Schreiben endet mit den Worten: »Meine Sorge, daß die gute alte solide Technik auf allen Gebieten des Handwerks durch die vielen Theoretiker immer mehr zurückgeht, finde ich leider bestätigt. Wie mag das nach 100 Jahren aussehen …?« Angesichts der heutigen Zustände würde er sich wahrscheinlich im Grab umdrehen. Doch immerhin: Sein Haus steht nach einer umfassenden Sanierung im Jahr 1998 wie ein kunsthandwerkliches Denkmal noch am selben Platz. Viele der Arbeiten Georg Hulbes verwahrt der Fundus des Museum für Kunst und Gewerbe.

Spitzenkicker zum Anfassen

Die goldene Ära des HSV begann auf dem Traditionsplatz am Rothenbaum

Wo sich früher Kassenhäuschen aneinander reihten, stößt man heute auf gläserne Laden- und Büro-Fassaden. Dahinter erstreckt sich eine Wohnanlage mit winzigen Grünflächen. Ein paar Kids kicken dort einen Ball hin und her. Ob ihnen klar ist, dass Generationen von Hamburgern dieses Gelände als »heiligen Boden« betrachten? Immerhin erlebte der HSV und Tausende Fußballfans hier ihre wahrscheinlich beste Zeit.

Die Anfänge des Sportplatzes am Rothenbaum gehen auf 1911 zurück. Sein Pächter, der Hamburger FC, ging nach dem Ersten Weltkrieg in den »Hamburger Sport-Verein e.V.« auf. Die frühen Erfolge der HSV-Fußballer erlaubten dem jungen Verein eine Erweiterung der angestammten Spielstätte. Zwanzig Jahre nach ihrer Einweihung, der gerade einmal 1.500 Zuschauer beiwohnten, war sie zu einem Stadion für bis zu 30.000 Besucher herangewachsen – und das mitten in der Stadt. Die größte vereinseigene Anlage in Deutschland verfügte über eine Rasen-Drainage und überdachte Tribünen. Dank schmaler Aschenbahnen blieb die Nähe des Publikums zum Geschehen auf dem Grün erhalten.

Eine neue »Rothosen«-Generation setzte nach 1945 die Erfolgsbilanz fort. Mit Spielerlegenden wie Gert »Charly« Dörfel und »Uns Uwe« Seeler erstritt der HSV regelmäßig Bestplatzierungen in der Oberligatabelle. »Abgehoben« sind die Spitzenkicker deswegen aber nicht. Zeitzeugen berichten von der »familiären« Atmosphäre, die damals am Rothenbaum herrschte. Auch das gemeinsame Fachsimpeln von Fans, Funktionären und Spielern am Tresen des Vereinslokals soll keine Seltenheit gewesen sein.

Mit Gründung der Bundesliga 1963 verlegte der HSV aufgrund von DFB-Auflagen alle Pflichtspiele ins ungleich größere – und anonymere – Volksparkstadion. Als die Arena in Bahrenfeld für die WM 1974 renoviert werden musste, kehrte die Mannschaft für einige Punktspiele zum Rothenbaum zurück. Die letzte Pflichtpartie einer Profimannschaft auf dem Traditionsplatz fand 1989 statt – dabei flog der HSV gegen MSV Duisburg in der ersten Runde des DFB-Pokals aus dem Turnier. Verflogen war auch längst der alte Zauber. Profifußballer »zum Anfassen« und eine »familiäre« Atmosphäre – das alles bot mittlerweile der Konkurrent vom FC St. Pauli im Millerntorstadion, dem »Freudenhaus der Bundesliga«.

Vergnügen wie auf Coney Island

Der Lunapark Altona machte die Nacht zum Tag und ließ nicht nur Kinderaugen leuchten

Der kleine, dreieckig angelegte Kinderspielplatz hat nicht viel zu bieten: zwei Kletterhäuschen, eine Schaukel und ein paar Sitzbänke. Außerdem wirkt er etwas eingezwängt von den Straßen, die ihn umgeben. Eine davon verbindet die Memellandallee mit der Kieler Straße und heißt – reichlich hochtrabend – »Lunapark«. Mit dem bescheiden ausgestatteten Spielplatz hat der Straßenname natürlich nichts zu tun. Aber mit einem riesigen Vergnügungspark, der vor rund Hundert Jahren in dieser Gegend regelrecht aus dem Boden gestampft wurde – und der mit spektakulären Attraktionen nicht geizte.

Als Vorbild diente damals der legendäre Vergnügungspark auf Coney Island bei New York. Das vorgesehene Areal in Altona befand sich allerdings auf sumpfigem Grund. Um es bebaubar zu machen, verschwanden der Diebsteich wie Teile des ihm zufließenden Isebekkanals unter Sand und Beton. Zur gleichen Zeit annoncierte die Betreibergesellschaft des entstehenden »Lunapark Altona« nach »tüchtigen, kapitalkräftigen Fachmännern«, die sich an den »im Parke projektierten Geschäften« beteiligen wollten. Drei Viertel davon konnten bis Herbst 1912 verpachtet werden. Einiges war noch zu haben, unter anderem das Hauptrestaurant sowie die »Pavillons für Photografie, Friseur und Patephon«.

Im Sommer 1913 war es dann soweit: Ein riesiges Eingangsportal empfing die faszinierten Gäste am südlichen Ende des Geländes. Dahinter erstreckte sich eine über 80.000 Quadratmeter große Anlage, die dem heutigen »Hamburger Dom« auf dem Heiligengeistfeld in nichts nachstand. Achterbahn und Riesenrutsche, Wellenbad und Radrennen, »Palais de danse« und Platzkonzerte, Feuerwerk und elektrische Illuminationen, Irrgarten, Hippodrom, herrliche Wasseranlagen und atemberaubende Akrobatik – das alles brachte nicht nur Kinderaugen zum Leuchten. Arbeiter- und Bürgerfamilien bot es eine willkommene Abwechslung vom Alltag. Jungen Paaren kam die aufgelockerte »moralische Norm«, die im Lunapark herrschte, mehr als gelegen.

Leider währte das Vergnügen nur kurz. Der Ausbruch des Ersten Weltkriegs führte zur Schließung des Altonaer Lunaparks. Sein Hamburger Gegenstück im benachbarten Stellingen konnte immerhin bis 1922 den Betrieb aufrecht erhalten. Nach dessen Ende wagte der

Betreiber Hugo Haase einen zweiten Anlauf, indem er den »Lunapark Altona« unter hohem Aufwand reaktivierte. Doch auch diesmal war das Vorhaben vom Pech verfolgt: Just als der für seine soziale Ader bekannte »Karusellkönig aus Winsen« die Anlage in Altona wiedereröffnete, begann eine galoppierende Geldentwertung das Land in eine wirtschaftliche Depression zu stürzen. Das Publikum blieb aus. Und Haase stieß den »Lunapark Altona« 1925 wieder ab, um sein Unternehmen vor dem Bankrott zu retten.

Danach wurde das großzügige Terrain um den ehemaligen Diebsteich gänzlich neuen Zwecken zugeführt. Nach Plänen des Architekten und späteren Bausenators Gustav Oelsner entstanden hier Sportplätze und mehrere Wohnblocks, unter anderem auch der charakteristisch gelb-geklinkerte in der Memellandallee. Am einstigen Standort des »Lunapark«-Eingangsportals ließ Oelsner einen modernen Stahlbetonbau errichten, in dem sich seitdem eine Filiale des Arbeitsamts befindet. Das pure Vergnügen ist heute woanders zuhause.

Revolution ohne Bahnsteigkarte

Vom Hauptbahnhof aus zogen Matrosen los, um Kriegsschiffe zu entwaffnen: der Beginn der Hamburger Räterepublik

Licht flutet die hohe Halle, die mit ihrer Konstruktion aus Eisen und Glas als gelungenes Zitat der Pavillons der Pariser Weltausstellungen gilt. Die Schönheit des Gebäudes jedoch würdigt kaum jemand mit einem Blick. Die Menschen hasten vorbei an schrill bunten Auslagen und Werbetafeln der Läden und gastronomischen Betriebe. Rollkoffer rattern. Zugbremsen kreischen. Ansagen knarzen über die Beschallungsanlage.

Wie anders muss es hier Anfang November 1918, am Ende des Ersten Weltkrieges, gewesen sein. Der Hauptbahnhof war erst zwölf Jahre zuvor eröffnet worden. Dass er einmal zu einem hektischen Shoppingcenter werden würde, konnte sich mit Sicherheit keiner der Soldaten vorstellen, die hier auf dem Rückweg von der zusammengebrochenen Front oder aus einem der Marinehäfen Norddeutschlands zu Tausenden strandeten, erschöpft, abgerissen und demoralisiert.

Trotz oder wegen ihres Zustandes gelang von hier aus einer kleinen Gruppe um den aus Kiel angereisten Maat Friedrich Zeller, der im Hauptbahnhof auf dem Weg nach Hause hängen geblieben war, in Hamburg nichts weniger als eine Revolution.

Am 5. November 1918 hatten Matrosen in Kiel die Räterepublik ausgerufen. Der Funke sprang sofort über. Noch in der Nacht zum 6. November brachen die Männer um Friedrich Zeller zum Hafen auf. Dort entwaffneten sie Torpedoboote der Marine und gewannen die Besatzungen für die Revolution. Kurz darauf besetzten die Revolutionäre den Elbtunnel, den Hauptbahnhof und das Gewerkschaftshaus, das sie zu ihrem Sitz ernannten. Erst als sie auf die Kaserne des 76. Infanterieregiments in der Eimsbütteler Bundesstraße zumarschierten, um dort Inhaftierte zu befreien, kam es zu Schusswechseln, bei denen mehrere von ihnen starben. Dennoch gelang die Einnahme der Kaserne.

Die Aktion fiel auf fruchtbaren Boden. Durch den Ersten Weltkrieg war die Versorgungslage vor allem der Arbeiterschaft katastrophal. Bereits im August 1916 hatten die Menschen in den Arbeitervierteln Barmbek und Hammerbrook revoltiert. Ein Generalstreik für sofortigen Frieden auf den kriegswichtigen Hamburger Werften Anfang 1918 konnte nur

MUSICAL
SOMMER
Aladdin
MARY POPPINS
DUNKIN' DONUTS
DU HIER? WIR DA.

mit brutaler Repression durch Polizei und Militär niedergeworfen werden. Trotzdem rumorte es auch jetzt im November wieder unter den Werftarbeitern.

Schon bald wehte auf dem Hamburger Rathaus die rote Fahne, nachdem am Morgen des 6. Novembers ein provisorischer Arbeiter- und Soldatenrat unter dem Vorsitz Friedrich Zellers sowie des Vorsitzenden der USPD gebildet worden war. Den linken Sozialdemokraten war es gemeinsam mit den Linksradikalen, der späteren KPD, gelungen, sich vor den Mehrheitssozialdemokraten an die Spitze der Bewegung zu setzen. Nach einer Massenkundgebung von 40.000 Menschen auf dem Heiligengeistfeld zogen die Demonstranten zur Palmaille in Altona, wo das IX. Stellvertretende Generalkommando, also die militärische Verwaltung, ihren Sitz hatte. Als der Zug dort eintraf, war der kommandierende General von Falk bereits geflohen.

Die Hamburger Räterepublik war geprägt von der Idee einer basisdemokratischen, kollektiven Selbstverwaltung, eines dritten Weges zwischen parlamentarischer Demokratie und der kommunistischen Diktatur des Proletariats.

Dem Arbeiter- und Soldatenrat gelang zunächst die Absetzung von Senat und Bürgerschaft. Am 18. November 1918 wurde der Senat aber bereits wieder eingesetzt, da die Kreditfähigkeit der Stadt in Gefahr geriet. Der Arbeiter- und Soldatenrat sicherte sich durch ein Vetorecht die politische Macht. In der Praxis unterstanden Senat und Bürgerschaft jedoch eher einer rein formalen Kontrolle. Mehr oder weniger ungehindert setzten sie ihre Arbeit fort.

Im Rat wiederum gewannen die Mehrheitssozialdemokraten allmählich die Überhand. Und dem Trend im Reich folgend – im Dezember 1918 hatte der Kongress der Arbeiter- und Soldatenräte in Berlin Wahlen zu einer verfassungsgebenden Nationalversammlung beschlossen – gab der Hamburger Arbeiter- und Soldatenrat den Weg zu Bürgerschaftswahlen frei. Diese gewannen im März 1919 die Mehrheitssozialdemokraten mit großem Vorsprung.

Damit war die Zeit der Arbeiter- und Soldatenräte schon wieder Geschichte. Aber nicht ohne entscheidende Impulse für die Demokratie gesetzt zu haben. So fanden die Neuwahlen der Bürgerschaft erstmalig nach dem allgemeinen, gleichen Wahlrecht und nach dem Prinzip der Verhältniswahl statt, wogegen die Eliten der Stadt sich lange gewehrt hatten. Auch wurden damals Räte geschaffen, die heute fester Bestandteil demokratischer Kultur sind, wie zum Beispiel Betriebsräte oder der Elternrat an Schulen.

Das alles nahm seinen Ausgang unter dem lichtdurchfluteten Dach des Hamburger Hauptbahnhofes. Ohne Bahnsteigkarte.

E

Humor und schlaue Gassenhauer

Dafür sorgten die Gebrüder Wolf in der Weimarer Zeit mitten auf der Reeperbahn

Eine kleine Straße am Rande der Neustadt, vom Lärm der vierspurigen Ludwig-Erhard-Straße durch einen Hotel-Neubau abgeschirmt. Haus Nummer 86 ist gut erhalten, mit schmucken Figuren und Reliefs an der Fassade. Eher bürgerlich als proletarisch, wie man es für die Neustadt erwarten würde. Ludwig Wolf hatte es gemeinsam mit seinem Bruder Leopold schon zu etwas gebracht, als er hier 1915 mit seiner Frau einzog. Die beiden Gesangshumoristen und Urheber der heimlichen Hamburg Hymne »An de Eck steiht'n Jung mit'n Tüddelband« waren zu dieser Zeit auf dem Höhepunkt ihrer Karriere und gut im Geschäft. Sie besaßen, betrieben und bespielten unter anderem das Neue Operettentheater am Spielbudenplatz 1, wo heute das Stage Operettenhaus steht.

Eine alte Frau erscheint auf einem der Balkone. Kann sie sich an Ludwig Wolf erinnern? Vielleicht hat sie ihn als Kind getroffen. Bevor sie befragt werden kann, verschwindet die Dame wieder in ihrer Wohnung.

Auch das Wissen um die Gebrüder Wolf war lange verschwunden. Zwar kennt auch heute noch fast jeder in Hamburg ihren berühmten Gassenhauer. Lange aber wusste kaum jemand etwas von den Urhebern. Bis der mittlerweile verstorbene Journalist Jens Huckeriede ihnen mit einem Film plus dazugehörigem Musik-Sampler ein Denkmal setzte, das den Glanz ihres Schaffens in die Gegenwart rettete. Eine Heldentat, die es Hamburger Künstlern möglich machte, an das Repertoire des Duos anzuknüpfen.

Die jüdischen Gebrüder Wolf waren echte Hamburger Jungs, aufgewachsen als Söhne eines Schlachtergesellen in der Neustadt. Schon 1895 hatten Ludwig, Leopold und James Isaac das Wolf-Trio gegründet. Sie unterhielten das Publikum mit Sketchen, witzigen Plaudereien, derben Liedern und lustigen Couplets mit ausgeprägtem Lokalkolorit. Das kam an, nicht nur in Hamburg. James stieg 1906 aus und eröffnete einen Tabakladen in der Bismarckstraße in Eimsbüttel. Die beiden anderen machten weiter. Ludwig war der künstlerische Kopf, Leopold der kaufmännische. Sie drehten Filme und waren ständig auf Tournee. Als Leopold 1926 starb, übernahm sein Sohn James Iwan. Er kannte alle Lieder und setzte gemeinsam mit seinem Onkel den Erfolg fort.

86

Bis die Machtergreifung der Nationalsozialisten dem schlagartig ein Ende setzte. Die Gebrüder Wolf erhielten Auftrittsverbot. Ihre populären Lieder, wie »Snuten un Poten« oder »Dat Paddelboot«, waren zwar weiterhin in aller Munde. Offiziell aber hatten sie nun keine Urheber mehr. Und das Neue Operettentheater am Spielbudenplatz übernahm eine braune Parteigröße.

Mit anderen aus der Familie floh James Iwan nach Shanghai. Seinen Onkel James ermordeten die Nationalsozialisten im KZ Theresienstadt, so wie auch viele andere Mitglieder der großen Familie. Einzig Ludwig überlebte, ohne zu emigrieren, weil er mit einer »Arierin« verheiratet war. Die beiden lebten bis zu seinem Tod 1955 im bürgerlichen Haus Hütten 86.

Bis zu der Wiederentdeckung der Gebrüder Wolf vor zwei Jahrzehnten war es den Nationalsozialisten gelungen, das Wissen über diese kreativen Söhne der Stadt zu eliminieren. Und das lange über die Zeit ihrer Herrschaft hinaus.

Das hat sich zum Glück geändert. Neben einer blauen Tafel am Haus Hütten 86 erinnern unweit der Gebrüder-Wolf-Platz auf dem ehemaligen Gelände der Bavaria- und St. Pauli-Brauerei an sie sowie ein Stolperstein in der Bismarckstraße 11. Und die immer noch präsenten Lieder sowieso.

„An de Eck steiht ´n Jung mit ´n Tüddelband“
Dat Leed is vun de Bröder Ludwig, Leopold un James Wolf, de sick „Wolf-Trio“ naamt harrn. Se weern Kinner vun een Slachtergeselln ut de Niestadt. Se harrn dat 1911 schreeben und at wör gau to ´n Gassenhauer worrn. Leopold is 1926 doodblewen. As denn de Nazis keem´n, kregen se Verbot, vun wegen dat se jüdisch werrn. Dat Leed hebbt de Nazis dann as „deutsches Liedgut“ tituleert un keen een dröff seggen, wokeen dat Leed mookt hett. Un denn hebbt de Nazis den James in´t KZ Theresienstadt umbröcht. Ludwig hett de Nazitied överleewt un is denn 1955 doodblewen.
Ludwig Wolf, am 04.12.1867 geboren als Ludwig Isaac, lebte hier in Hütten 86 in seiner Schaffensphase von 1915 bis zum 09.03.1955.

Gang ins Freie

Zwei Wandbilder der Malerin Gretchen Wohlwill erinnern an die künstlerische Avantgarde der 1920er Jahre

Die Schülerinnen und Schüler des Emilie-Wüstenfeld-Gymnasiums nehmen vermutlich gar nicht mehr wahr, an was für Schätzen sie da täglich vorbeilaufen. Dabei sind die beiden großformatigen Wandbilder im Treppenhaus zum ersten Stock kaum zu übersehen. Sie zeigen junge Frauen beim Lesen, Musizieren und bei der Gartenarbeit. »Menschliche Figuren in ihrer Umgebung und Tätigkeit« gehörten zu den Lieblingsmotiven der Hamburger Malerin Gretchen Wohlwill, die sich hier 1931 verewigen durfte. Und damit ein seltenes Zeugnis der künstlerischen Avantgarde in Hamburg zu Zeiten der Weimarer Republik hinterlassen hat.

Wohlwill stammte aus einer liberalen jüdischen Familie. Die Konfessionslose arbeitete als Kunsterzieherin an der Mädchenschule in der Bundesstraße. Durch ihre Anstellung stand sie finanziell auf eigenen Füßen. Dass ihr Beruf nur drei Tage in der Woche beanspruchte, erlaubte es Wohlwill, sich neben ihrer Lehrtätigkeit konsequent der Kunst zu widmen. Die Matisse-Schülerin und Vermeer-Verehrerin malte und zeichnete Landschaften, Stillleben und Porträts. Von ihrem langjährigen Weggefährten Eduard Bargheer ist überliefert, dass Wohlwill auch bei miesestem Wetter nicht den Gang ins Freie scheute, um ihre Leinwände »vor der Natur« aufzustellen.

Nach dem Ersten Weltkrieg gehörte Gretchen Wohlwill zu den Mitgründerinnen der »Hamburgischen Sezession«. Die Gruppe, der sich über 50 Künstler, Architekten und Literaten anschlossen, etablierte sich nicht nur als lokale Kunstelite. Sie bemühte sich darüber hinaus um bessere Ausbildungs- und Arbeitsbedingungen für freie Künstler, veranstaltete neben ihren Jahresausstellungen auch Vorträge, zu denen namhafte Referenten wie Rosa Shapire und Karl Kraus eingeladen wurden. Außerdem beteiligten sich ihre Mitglieder maßgeblich an der Organisation und Gestaltung der legendären »Hamburger Künstlerfeste« im Curio-Haus. Als regelmäßige Treffpunkte dienten den »Sezessionisten« die Ateliers von Gretchen Wohlwill in der Magdalenenstraße und im Mittelweg. Zu den wohl größten

Verdiensten der Vereinigung zählte 1930 die Eröffnung eigener Ausstellungsräume für den »Kunstverein in Hamburg« in der Neuen Rabenstraße.

Das NS-Regime bereitete dem freigeistigen Treiben ein jähes Ende. Mit dem Verbot der Ausstellung der »Hamburgischen Sezession« im März 1933 starteten die Nazis ihre Offensive gegen »Kulturbolschewismus« und »artfremde Kunst«. Der Gruppe um Wohlwill wurde nahe gelegt, sich von ihren jüdischen Mitgliedern zu trennen. Weil sie diese Forderung als inakzeptabel betrachteten, gaben die »Sezessionisten« zwei Monate später ihre Auflösung bekannt. Gretchen Wohlwill erhielt – wie viele andere – Berufsverbot. 1940 gelang der 62-Jährigen die Flucht nach Portugal, wo sie die Kriegsjahre unter ärmlichsten Bedingungen überlebte. Viele ihrer Bilder verblieben in Hamburg – und gingen verloren oder wurden zerstört.

Als Wohlwill 1952 nach Hamburg zurückkehrte, gab es auch ihre Wandbilder in der Bundesstraße nicht mehr. Die Nazis hatten sie, ebenso wie weitere Werke der »Sezessionisten«, die im Rahmen von Fritz Schumachers Kunstförderungsprogramm »Wandbilder in Hamburger Staatsbauten« entstanden waren, übermalen lassen. Ihre letzten Lebensjahre verbrachte Gretchen Wohlwill in einer kleinen Wohnung der Grindelhochhäuser, die ihr die Hamburger Kulturbehörde vermittelt hatte.

Erst 1993, also 30 Jahre nach ihrem Tod, wurden ihre »menschlichen Figuren« im Treppenhaus der Emilie-Wüstenfeld-Schule wieder freigelegt. Weitere »Schätze« der Hamburger »Sezessionisten« finden sich übrigens ganz in der Nähe: Karl Löwengards »Hafenarbeiter« hängen im Flur der Berufsschule Schlankreye, Heinrich Stegemanns »Frauen- und Männerakte« in der Ida-Ehre-Schule um die Ecke. An den modernen Geist der damaligen Hamburger Architektur erinnert der 1929 von Karl Schneider errichtete Wohn- und Geschäftsblock in der Osterstraße.

Gegen jede Chance

Durch Glück und die Zivilcourage mutiger Zeitgenossen überlebte ein Hamburger Afro-Deutscher das Naziregime

Die Hochbahn zwischen den Stationen Dehnhaide und Barmbek rattert heute nicht mehr so laut, wie es Hans-Jürgen Massaquoi in seinen Erinnerungen beschreibt. Das wird an der verbesserten Technik der Züge liegen. Wohl aber auch an der Tatsache, dass der kleine Hans-Jürgen gerade einmal drei Jahre alt war, als er 1929 mit seiner Mutter in eine winzige Mansardenwohnung im Haus Nummer 3 zog, wo die beiden bis zu ihrer Ausbombung 1943 lebten. Wenn man in diesem Alter nachts im Bett liegt, schwillt die Außenwelt zu etwas noch Bedrohlicherem an, als sie es tagsüber ohnehin schon ist.

Bedrohung und Gefahr hat es in Hans-Jürgen Massaquois Kindheit und Jugend genug gegeben. Schließlich musste er als offensichtlicher »Nicht-Arier« unter brauner Gewaltherrschaft leben. Dass ihm Sterilisation, brutale medizinische Experimente und die Vernichtung erspart blieben, verdankte er nach eigener Einschätzung zwei glücklichen Umständen: Im Vergleich zu anderen verfolgten Gruppen war die der schwarzen Deutschen so klein, dass man sich nicht die Mühe machte, systematisch eine so genannte Endlösung für sie zu organisieren. Und der am Ende schnelle Vormarsch der Alliierten.

Dem hinzufügen muss man aber unbedingt die Chuzpe des Amateurboxers und Swingtänzers Massaquoi, vor allem aber auch das bedingungslose Einstehen seiner Mutter sowie die Hilfsbereitschaft, Gegenwärtigkeit und den Mut einiger weniger beherzter Zeitgenossen. Sie griffen ein, auch wenn in der Stückenstraße, wie in ganz Barmbek und den anderen Arbeitervierteln, Hammer und Sichel und sozialdemokratische Banner verschwanden und immer mehr Hakenkreuzfahnen wehten.

Die Mutter rettete ihn vor betrunkenen SA-Männern aus einer Kneipe, die Klassenlehrerin auf der Grundschule vorläufig vor dem stramm braunen Direktor. Ein Boxkumpel ließ im Nachtclub die Fäuste sprechen, weil Massaquoi mit rassistischen Äußerungen provoziert wurde. Arbeitskollegen warnten vor Denunzianten und sprangen gegen die Anfeindungen verbitterter Kriegsveteranen bei.

In der Endphase des Krieges half ihm in Harburg sogar ein Gendarm, einem Mob zu entkommen, der Massaquoi für einen abgeschossenen, amerikanischen Bomberpiloten hielt und lynchen wollte. Und in den letzten Kriegstagen lernte er die italienisch-jüdische Familie Giordano kennen, die sich seit Wochen in einem Keller in der Diesterwegstraße, nördlich vom Bahnhof Barmbek, versteckte. Das Angebot, dort mit seiner Mutter ebenfalls Schutz zu suchen, brauchte er nicht mehr anzunehmen. Der Hamburger Gauleiter Karl Kaufmann übergab kurz darauf die Stadt kampflos den Briten.

Von den Häusern aus dieser Zeit steht in der Stückenstraße keines mehr. Die Straße ist geprägt von Nachkriegsrotklinker und dem Stilmix der letzten siebzig Jahre. Das Gebäude der Nummer drei wurde erst kürzlich errichtet und beherbergt Sozialstation, Pflegedienst sowie ein Seniorenheim. »Hier stand 1943 nach den Luftangriffen der Operation Gomorrha nichts mehr«, erzählt einer der Bewohner, der damals ausgebombt wurde.

So wie Hans-Jürgen Massaquoi und seine Mutter. Bis dahin aber hatte der Afrodeutsche in der Stückenstraße eine einigermaßen glückliche Kindheit genossen. Auch wenn ihm schon vor der Machtergreifung der Nationalsozialisten häufig der spöttisch-gehässige Ruf »Neger, Neger, Schornsteinfeger« entgegenschlug, den er später zum Titel seiner Autobiografie machte.

Nach dem Krieg ging Hans-Jürgen Massaquoi zunächst zum Vater nach Liberia, um dann in die USA auszuwandern. Dort machte er als Chefredakteur des afroamerikanischen Magazins »Ebony« Karriere und traf berühmte Zeitgenossen, wie Martin Luther King, Malcolm X, Muhammad Ali, Jimmy Carter. Bis zu seinem Tod 2013 blieb Massaquoi Hamburg verbunden. Anfang 2017 wurde die neue Fußgängerpassage zwischen dem Bahnhof Barmbek und der Drosselstraße nach ihm benannt.

383-1

Von-Bargen-Straße 18, Wandsbek

Split und Dolomiti

Von Wandsbek aus versorgte die Firma Langnese Millionen Schlemmermäuler mit Eis am Stiel

Zirkel-, Cardio- oder Vibrationstraining? Das Fitness-Center am Bargenhof bietet so einiges an, um sich seiner Kalorien zu entledigen. Früher aber wurden hier massenhaft Kalorien produziert – in handlichen Portionen, lustigen Formen und bunten Farben. Von diesem Gewerbehof aus startete das »Eis am Stiel« seinen Siegeszug durch die Tiefkühltruhen.

Ursprünglich hatte der Hamburger Kaufmann Karl Rolf Seyferth 1927 nach einem Markennamen für seinen Bienenhonig gesucht. Mit der Absicht, das Warenzeichen eines Kekses zu erwerben, den er aus seiner Jugendzeit erinnerte, kontaktierte Seyferth den ehemaligen Biscuit-Fabrikanten Viktor Emil Heinrich Langnese. Der Deal um den »Brand« wurde während eines Geschäftsessen abgewickelt. Die Nutzungsrechte kosteten Seyferth 300 Reichsmark. Nach der Einführung des »Langnese«-Honigs verwendete er den selben Namen dann für ein ganz neues Produkt. Mit dem »Eis am Stiel« importierte Seyferth 1935 erfolgreich eine Idee aus Dänemark nach Hamburg. Allein in der ersten Saison setzte er über eine Million »Eislollis« ab. Das Firmenzeichen zeigte einen Jungen, der eine »lange Nase« machte. Die Planwirtschaft der NS-Machthaber verhinderte aber den Ausbau der jungen Geschäftsidee. Als Seyferth keine Sahne und Milch mehr erhielt und die Herstellung von Speiseeis nicht fortführen konnte, stieß er seine Firma 1936 wieder ab.

Nach dem Zweiten Weltkrieg wuchs »Langnese Eiskrem« unter dem Dach des Unilever-Konzerns zu einer der führenden Speiseeismarken heran. Das neue Firmenlogo mit der roten Markise im Hintergrund symbolisierte für Jahrzehnte das pure Kinderglück. Ob »Split«, »Dolomiti«, »Nogger« oder »Brauner Bär« – Generationen von Schlemmermäulern fanden bei »Langnese« ihr Lieblingseis am Stiel. 1985 wurde die Produktion im Bargenhof eingestellt. Für handlich portionierte Kalorienkontigente aus Fett und Zucker sorgt heute die Schokoladenfabrik des Unilever-Konkurrenten Nestlé in unmittelbarer Nachbarschaft. Beiden Konzernen geht es als »global player« in der Nahrungsmittelindustrie in erster Linie um Profit. Die Erfindung und Einführung von Eis am Stiel kann das kaum schmälern.

Glockengießerwall 5, Altstadt

Hoch lebe der Hausmeister

Wilhelm Werner versteckte so genannte entartete Kunst und rettete sie für die Nachwelt

Klein sind die Fenster im Souterrain. Sie ducken sich förmlich unter den hohen Fenstern, den Statuen und Medaillons mit den Künstlerportraits in der Fassade darüber, die 1869 im eleganten Stil der italienischen Renaissance gebaut wurde.

Klein war auch die Hausmeisterwohnung hinter den Fenstern, dort wo sich im Gründungsbau heute Sozialräume und das Büro der Freunde der Kunsthalle befinden.

Groß dagegen waren die Taten des Hausmeisters Wilhelm Werner, der hier bis 1952 wohnte. Im Sommer 1937 rettete er die Werke der jüdischen Künstlerin Anita Rée aus dem Besitz der Kunsthalle vor der Beschlagnahmung im Rahmen der Aktion »entartete Kunst« durch die Nationalsozialisten. Er versteckte sieben Gemälde der Künstlerin, die sich 1933 das Leben genommen hatte, in seiner Wohnung unter dem Bett. Ein mutiger Akt beispielhafter Zivilcourage.

So blieben die Bilder Rées im Besitz der Kunsthalle, die durch die propagandistisch aufbereitete Aktion der Nationalsozialisten mehr als eintausend Werke der Moderne verlor, unter anderem von Kokoschka, Picasso, Nolde und Kirchner. Einige der Bilder verkauften die Nazis ins Ausland, einen Großteil jedoch vernichteten sie gezielt.

Als Werkmeister verantwortete Wilhelm Werner den Umgang mit den Kunstwerken, wie zum Beispiel ihre Hängung. Für einige fertigte er auch die Rahmen. Das brachte ihn in direkten Kontakt mit den Künstlern, die dort ausstellten. So konnte Werner im Laufe der Jahrzehnte eine Sammlung von über fünfhundert Werken zusammentragen.

Zudem ist es ihm und seinem Hausmeisterkollegen zu verdanken, dass die Schäden am Gebäude der Kunsthalle während der Bombardierungen Hamburgs sich in Grenzen hielten. Die beiden Hausmeister waren nicht eingezogen worden und löschten auf den Dächern der Kunsthalle die Brandbomben. So retteten sie weit mehr als eine kleine Hausmeisterwohnung.

H.E.BEHAM
RAIMONDI

Licht ins Dunkel

Die Kammerspiele waren das erste Theater, das nach dem Zweiten Weltkrieg wieder eröffnete – eine der ersten Inszenierungen sorgte für einen Paukenschlag

Draußen vor der Tür der Kammerspiele weist zunächst nichts auf die historische Bedeutung des Theaters hin. In den Scheiben des gläsernen Vorbaus der klassizistischen Villa spiegeln sich die alten Bäume der Hartungstraße. Das Blattwerk sorgt für interessante Schattenspiele auf dem Kopfsteinpflaster. Studenten radeln vorbei zur Vorlesung.

Das Haus könnte auch ein ganz normales Provinztheater sein. Einzig die beiden großen Portraits von Ida Ehre und Wolfgang Borchert an der Seite des Vorbaus, dort wo es zum Bühneneingang geht, erzählen von der zentralen Bedeutung der Kammerspiele für das Kulturleben im Nachkriegs-Hamburg.

Im Sommer 1945 waren diese das einzige nicht zerstörte Theater der Stadt. Die Hamburger Kulturverwaltung wandte sich an die Britische Militärkommandatur mit der Bitte, das ehemalige Jüdische Gemeinschaftshaus mit Theater, das die Nationalsozialisten als Sammelstätte für die Deportationen Hamburger Juden missbraucht hatten, freizugeben. Verantwortlich für diesen Vorstoß war die junge, jüdische Schauspielerin Ida Ehre. Sie wollte »menschliche Probleme und Probleme der Welt« auf die Bühne bringen, »von denen wir 12 Jahre lang nichts wissen durften.«

Und das tat sie dann auch. Ida Ehre setzte mit ihrer Auswahl der Stücke, einem hochkarätigen Ensemble und ihrer eigenen schauspielerischen Leistung künstlerische Maßstäbe, die weit über die Grenzen Hamburgs hinaus strahlten.

Für einen wahren Paukenschlag sorgte sie mit der Uraufführung von Wolfgang Borcherts »Draußen vor der Tür« am 21. November 1947. Ida Ehre hatte den todkranken Dichter dazu bewegen können, das zunächst als Hörspiel verfasste Heimkehrerdrama für die Bühne umzuschreiben.

Wie auch schon die Ausstrahlung des Hörspiels, das Borchert in nur acht Tagen niedergeschrieben hatte, wurde das Theaterstück zugleich begeistert aufgenommen und strikt abgelehnt. Die Geschichte des Heimkehrers Beckmann, der von seinen Kriegserlebnissen

HAMBURGER KAMMERSPIELE

geprägt nicht in das Zivilleben zurückfindet und nach Moral und Verantwortung fragt, wühlte die bleiern schweigende Nachkriegsgesellschaft auf wie keine andere zuvor.

Ein großes Verdienst, auch wenn man aus heutiger Perspektive zu Recht kritisieren kann, dass das Drama die Sicht auf die deutschen Opfer des Krieges beschränkt.

Längst ist »Draußen vor der Tür« mit rund 250 unterschiedlichen Theater-Inszenierungen ein Klassiker. Auf eine der jüngsten weist ein Plakat im Foyer der Kammerspiele hin: Die plattdeutsche Inszenierung »Buten vör de Döör« am Ohnsorg Theater.

IDA EHRE
PRINZIPALIN
VON 1945 - 1989

Flügel zum Schwimmen

Ein Hamburger Kaufmann präsentierte seine pfiffige Erfindung im Ohlsdorfer Traditionsbad

Der Ringkanal ist ein winziger Nebenarm der Oberalster auf der Höhe Ohlsdorfs. Er umfließt eine kleine Halbinsel und mündet in einer »Sackgasse«. Die geringe Strömung des Alsterlaufs kommt in der Kurve fast zum Stehen. Unmittelbar gegenüber der Mini-Idylle befindet sich ein großes Schwimmbad. Sein Standort ist kein Zufall. Generationen von Anwohnern hatten diese Stelle bereits zum Schwimmenlernen oder zur Naherholung genutzt. Das improvisierte Strandbad, das in den 1880er Jahren am Ringkanal entstand, wuchs bis zur Jahrhundertwende zu einem stattlichen Freibad heran. 1927 fand auf dem Gelände zwischen Alster und Bahndamm die offizielle Einweihung des »Ersten Hamburger Familienbads« statt. Bis eine pfiffige Erfindung namens »Schwimmflügel« hier Einzug erhielt, sollte aber noch viel Wasser die Alster hinunterfließen.

Bernhard Markwitz war sieben Jahre alt, als das Ohlsdorfer Bad eröffnete. Ob der Knirps aus Königsberg damals schon schwimmen konnte, ist nicht überliefert. Er muss es jedenfalls bald gelernt haben. Als Jugendlicher nahm Markwitz an den Olympischen Spielen in Berlin teil. Danach wurde er zum Rettungsschwimmer ausgebildet, geriet im Zweiten Weltkrieg in britische Gefangenschaft und kam 1948 nach Hamburg, wo er sich als Kaufmann niederließ und außerdem für die Deutsche Lebens-Rettungs-Gesellschaft arbeitete. Bis dahin war das Leben des 30-jährigen Familienvaters reichlich bewegt. Ein weiteres Ereignis sollte es erneut durcheinander wirbeln: An einem sonnigen Nachmittag im Sommer '56 kehrte Markwitz von einem Fußballspiel nach Hause zurück – gerade rechtzeitig, um zusammen mit seiner Frau eine Tragödie abzuwenden. Kurz davor war ihre dreijährige Tochter beim Spielen in den Gartenteich gestolpert und beinahe ertrunken. Der Schock saß tief. Doch er regte Markwitz zu einer großartigen Idee an.

Mit der Absicht, die handelsüblichen Schwimmhilfen aus Kork zu verbessern, begann Markwitz in der heimischen Badewanne mit Gummischläuchen aus ausrangierten Tretrollern zu experimentieren. Der Clou: Die mit Luft gefüllten Schläuche sollten nicht am Bauch, sondern an den Oberarmen angelegt werden, um maximale Bewegungsfreiheit zu gewährleisten und das Überkippen nach vorn zu vermeiden. Ein glücklicher Lottogewinn

von 250.000 D-Mark trieb die Professionalisierung dann in großen Schritten voran. 1964 gründetete Markwitz die Firma BEMA. Für die Präsentation seines nunmehr marktfähigen und patentierten Produkts wählte er im Juni desselben Jahres, pünktlich zur anstehenden Freiluftsaison, das Traditionsbad in Ohlsdorf. Von hier aus startete die Erfolgsgeschichte der orangenen, triangelförmigen Schwimmflügel.

Das Becken, in dem Markwitz' Erfindung der Öffentlichkeit vorgestellt wurde, gibt es mittlerweile nicht mehr. Das Ohlsdorfer Schwimmbad hat in seiner Geschichte zahlreiche Aus- und Umbauten erfahren. Bernhard Markwitz verstarb im Jahr 2000 nach einer Herzoperation. Seine Frau Gisela führte die Geschäfte weiter, bis sie sich 2002 zurückzog. Die BEMA-Schwimmflügel werden heute noch in Massen verkauft, wenn auch in neuer Form, aus moderneren Materialien und lizensiert von einer anderen Firma. Der Produktname ist aber noch der alte. Damit hat sich Markwitz ein kleines Denkmal gesetzt. Und abgesehen von dem Dienst, den er zahllosen Kindern geleistet hat, das Schwimmenlernen zu erleichtern, ist ihm eine kuriose Wortschöpfung gelungen, die auch der Duden irgendwann akzeptiert hat.

15 - 30 kg
ADVARSEL

Dennoch!

Hamburgs erste Nachkriegssynagoge leitete die Renaissance der jüdischen Kultur ein

Weidenstieg, Moorkamp, Schäferkampsallee – die Namen der umliegenden Straßen deuten es an: Früher nutzten Bauern und Hirten die Wiesen am Isebek, um ihr Vieh darauf grasen zu lassen. Während der Gründerzeit wich das Weideland nach und nach dem Häuserbau. Entlang des Kanals entstanden bis in die 1920er Jahre mehrere Wohnblocks und Schulen, ein Krankenhaus, eine Badeanstalt und ein großzügig angelegtes Sportgelände mit Turnhalle. Nur ein winziges Grundstück an der Hohen Weide blieb noch lange Zeit frei. Heute befindet sich dort ein Gebäudekomplex von dezenter Größe, der aber eine gewisse Extravaganz ausstrahlt. Über dem Haupteingang grüßen hebräische Schriftzeichen: »Friede wohne in deinen Mauern, in deinen Häusern Geborgenheit«. Der Bau an der Ecke Heymannstraße symbolisiert den Neuanfang der Jüdischen Gemeinde in Hamburg. Es ist die erste Hamburger Nachkriegssynagoge – und die bis heute einzige in der Stadt.

Bevor das NS-Regime sein Vernichtungsprogramm lostrat, lebten in Hamburg über 20.000 Menschen jüdischen Glaubens. Es gab Synagogen, Tempel und Gebetsräume in der Neustadt, St. Pauli, Rotherbaum, Harvestehude, Altona, Harburg und Wandsbek. Aufgrund der jahrhundertelangen Diskriminierung befanden sich diese meist in Hinterhöfen oder waren in einem Wohnhaus oder in einem Stift untergebracht. Sichtbar wurde das jüdische Leben in Hamburg erst im Laufe des 19. Jahrhunderts. Die 1895 errichtete Neue Dammtorsynagoge und die Bornplatzsynagoge, 1906 eingeweiht, bilden in dieser Hinsicht zwei Höhepunkte. Beide lagen im »Grindelviertel«, das damals als Zentrum der jüdischen Kultur in Hamburg galt. Während der Novemberpogrome von 1938 wurden die Synagogen, wie fast alle jüdischen Einrichtungen, geschändet und zerstört. Rund die Hälfte der Mitglieder der Jüdischen Gemeinde Hamburgs starben in der Shoah. Wenige Hundert lebten nach Kriegsende noch in Hamburg.

Einer davon hieß Harry Goldstein. Der Kaufmannssohn aus Posen stammte aus einer strenggläubigen Familie, ging als deutscher Frontsoldat in den Ersten Weltkrieg und erhielt dafür mehrere Auszeichnungen. Danach ließ er sich als Handelsvertreter in Hamburg nieder und engagierte sich in jüdischen Organisationen, bis ihm seine Arbeit 1943 von der

Gestapo verboten wurde. Einer Deportation konnte er entgehen, unter anderem weil er in einer sogenannten Mischehe lebte. Nach der Befreiung durch die Allierten wirkte Goldstein zusammen mit rund 100 anderen Überlebenden und Zurückgekehrten maßgeblich an der Wiederbelebung der jüdischen Kultur in Hamburg mit. Zu den ersten Schritten gehörte die Neugründung der Jüdischen Gemeinde im September 1945. Die Feierlichkeiten dazu fanden im früheren Gemeindehaus in der Rothenbaumchaussee 38 statt.

Bis zur Eröffnung der ersten Hamburger Nachkriegssynagoge sollten aber noch viele Jahre vergehen. Zunächst mussten Goldstein und seine Mitstreiter sich gegen den Widerstand von jüdischen Organisationen außerhalb der BRD durchsetzen, die den Wiederaufbau einer jüdischen Gemeinde im Land der Täter massiv kritisierten. Dann ging es darum, welcher Richtung sich die Neue Jüdische Gemeinde in Hamburg verpflichten wollte. Während Hamburg im 19. Jahrhundert noch als Hochburg des Reformjudentums galt und nach dem alten »Hamburger System« jedes Gemeindemitglied frei zwischen orthodoxem, konservativem oder liberalem Ritus wählen konnte, sollte die Neue Jüdische Gemeinde in Hamburg als Einheitsgemeinde konstituiert werden. Da keiner der Gründer in dieser Zeit davon ausging, dass es je wieder ein differenziertes jüdisches Leben in Hamburg geben würde, entschied man sich für eine orthodoxe Ausrichtung.

Als 1956 das Gesetz zur Entschädigung für Opfer der nationalsozialistischen Verfolgung in Kraft trat, ließ eine Zahlung von 2,4 Millionen D-Mark die Errichtung eines neuen repräsentativen Gebäudes für die Jüdische Gemeinde Hamburgs in greifbare Nähe rücken. Noch im selben Jahr wurde das kleine brachliegende Grundstück an der Hohen Weide erworben. Die Grundsteinlegung für den Bau der Synagoge erfolgte am 9. November 1958, also genau 20 Jahre nach den Pogromen, durch den damaligen Bürgermeister Max Brauer. Der Vertreter des Zentralrats der Juden in Deutschland, Hendrik van Dam, betonte in seinem Grußwort das Leitmotiv, das die Geschichte aller neu- und wiedergegründeten jüdischen Gemeinden der BRD einte: »Dennoch!«

Seit ihrer Einweihung im September 1960 dient die Synagoge als zentrales Gebetshaus für Juden in Hamburg. Der von den Architekten Karl-Heinz Wongel und Klaus May entworfene Bau wirkt einladend und zugleich etwas wehrhaft. Obwohl leicht eingezwängt zwischen Bahndamm und Straßenkreuzung, ist er trotzdem gut sichtbar und stellt eine architektonische Bereicherung der sonst von Klinkerbauten geprägten Umgebung dar. Unübersehbar sind auch die Maßnahmen zum Schutz der Synagoge und derer, die sie frequentieren:

Schwer bewaffnete Polizeibeamte gehören hier seit den 1970er Jahren zum gewohnten Bild. Wegen des erhöhten Anschlagsrisikos ist mittlerweile ein Abschnitt der Hohen Weide für den motorisierten Verkehr gesperrt.

Harry Goldstein blieb bis ins hohe Alter Ehrenvorsitzender der Jüdischen Gemeinde und arbeitete unermüdlich an der Wiederbelebung der jüdischen Kultur in Hamburg. 1977 verstarb er mit 97 Jahren. Die Zahl der in Hamburg lebenden Juden beläuft sich heute auf insgesamt 5.000. Neben der orthodox ausgerichteten Jüdischen Gemeinde Hamburg gibt es außerdem seit 2003 die Chabad Gemeinde und seit 2004 die Liberale Jüdische Gemeinde Hamburg. Vor allem im »Grindelviertel«, wo neben dem Bildungshaus in der ehemaligen Talmud-Tora-Schule auch Lokale und Läden mit koscherem Angebot zu finden sind, hat das jüdische Leben wieder Einzug erhalten. Diese Renaissance ist nicht zuletzt das Verdienst Goldsteins und seiner Weggefährten.

Bohème im Keller

Nur wenige Schritte vom Gänsemarkt entfernt trafen sich Hamburgs Außenseiter in der Kneipe »Palette« – und fielen aus der Zeit

Die Deutschlandzentrale von Google, Juwelierläden, Stores internationaler Modelabels und zu guter Letzt ein Spezialgeschäft für elektronisches Rauchen. Nahezu verrucht wirkt dagegen fast schon die Pianobar des Marriot-Hotels. Was für eine unpassende Nachbarschaft für den ehemaligen Ort einer Kaschemme, die der wichtigste Treffpunkt der Hamburger Nachkriegs-Bohème war.

In der »Palette« trafen sich ab Ende der 1950er Jahre Traumtänzer, Obdachlose, Hafenarbeiter, Pillenschlucker, Springer-Redakteure, Stricher, Schulschwänzer, Wittgensteinleser, Jazzmusiker, Lebenskünstler, Künstler und solche, die es werden wollten. Hier fand 1968 schon zehn Jahre vorher statt.

Leicht zu finden ist ihr ehemaliger Standort nicht. Die Adresse des Kellerlokals war ABC-Straße 55. Die Hausnummer gibt es nicht mehr. Heute klotzt an dieser Stelle ein großer, grauer Block mit Hotel und Ladenpassage. Er trägt die Nummer 52 und reicht vom Gänsemarkt bis an die Neue ABC-Straße. Irgendwo da drin muss das Kellerlokal gewesen sein.

Ein Foto von damals zeigt den Eingang unter einem Besteckladen, man stieg vier Stufen hinunter, unter dem bunten Schild mit dem Namen mussten größer gewachsene Menschen wahrscheinlich den Kopf einziehen. Drinnen war es dunkel und verraucht, beste Bedingungen für ein brodelndes Gemisch Ausgestoßener, vereint in der Ablehnung bürgerlichen Spießertums. Für die Bürger wiederum waren die Pallettianer schlichtweg Gammler und Abschaum.

Die ABC- und die umliegenden Straßen gehörten damals zur schäbigen Neustadt, ein dicht bebautes Gängeviertel, tief gezeichnet vom Zweiten Weltkrieg, bewohnt von Proletariern und finsteren Gestalten. Ein idealer Stadtraum für die Zwischennutzung. Doch die Abrissbagger standen schon bereit. »Hinter der Palette begann schon der geplante Abriss«, erinnert sich ein Zeitzeuge in dem Buch »Palette revisited«. Das bis heute das Quartier dominierende ehemalige Unilever-Hochhaus entstand gerade.

ABC-Straße 52, Neustadt

Nach dem Ende der »Palette« 1964 war für lange Zeit jegliche Subkultur aus dem Viertel verschwunden. Das hat sich seit der Besetzung und alternativen Nutzung der kläglichen Reste des Gängeviertels geändert. Seitdem sind in den Straßen wieder Menschen zu sehen, die aus der Zeit gefallen zu sein scheinen. Und das nur wenige Schritte von Jungfernstieg, Rathaus und Gänsemarkt entfernt.

89 bis 100 Schritte vom Gänsemarkt bis zur »Palette« misst Jäckie, Protagonist und Alter-Ego von Hubert Fichte, der mit seinem gleichnamigen, 1968 erschienenen Roman der »Palette« ein literarisches Denkmal gesetzt hat, geschrieben im Stakkato der Beat Generation. »In der ›Palette‹ gibt es alles. Die ›Palette‹ ist das Beste, was es in Hamburg gibt«, schrieb Hubert Fichte. Seiner Bedeutung als Schriftsteller verdankt die »Palette« es auch, dass seit kurzem sogar an dem grauen Gebäudeklotz eine Gedenk-Tafel an sie erinnert – beziehungsweise an den Roman über sie.

Marriott

Gelüftete Talare

Mit ihrer Aktion gegen den »Muff von 1000 Jahren« prägten zwei Studenten den Slogan einer ganzen Bewegung

Mit fast 2.000 Plätzen ist das »Auditorium Maximum« der größte Vorlesungssal der Hamburger Universität. Das Gebäude entstand Ende der 1950er Jahre nach einem Entwurf des Architekten Bernhard Hermkes. Viel Beton und Glas »geben dem Bauwerk mit der Schalenkonstruktion ein betont modernes Gepräge«, so die Texttafel vor dem Haupteingang. Mangelnde Modernität im Hochschulbetrieb war hingegen der Grund, warum am 9. November 1967 von den hinteren Plätzen des Audimax sarkastische Parolen wie »Es lebe das Mittelalter!« skandiert wurden. Dass die Feierstunde zum Rektoren-Wechsel »vermutlich den Rahmen des Üblichen sprengen« würde, wie eine Hamburger Zeitung am Tag zuvor angekündigt hatte, sollte sich bewahrheiten. Nicht genug, dass engagierte Studenten die Amtseinführung Werner Ehrlichers zum Anlass nahmen, um ihre prekären Studienbedingungen zur Sprache zu bringen. Die Jurastudenten Gert Hinnerk Behlmer und Detlev Albers hatten darüberhinaus noch einen Streich ausgeheckt – und ihn bestens vorbereitet.

Das Audimax war an diesem Tag überfüllt. Behlmer und Albers hatten sich in ihre besten Anzüge geworfen und sich so den Zugang zu den vorderen Sitzreihen erschlichen, die eigentlich den Ehrengästen vorbehalten waren. Als die Ordinarien zu einer vom Uni-Orchester vorgetragenen Bach-Ouvertüre gemächlich in den Saal einzogen, traten die beiden Jurastudenten vor die Prozession und entfalteten blitzschnell ihr Banner, um nur wenige Meter vor ihren halsbekrausten Professoren und an zahlreichen Fotografen und Kameraleuten vorbei zur Bühne hinunter zu schreiten. Dann erst bekam das verwirrte Publikum zu sehen, was dort zu lesen war – und schließlich zum zentralen Slogan der bundesrepublikanischen Studentenbewegung werden sollte: »Unter den Talaren Muff von 1000 Jahren«. Der rebellische Spuk fand ein abruptes Ende, doch die Bilder waren bereits im Kasten.

Trotz der aufgeriebenen Stimmung zwischen blankem Entsetzen und süffisanter Belustigung (350 Eintrittskarten waren an Studierende verteilt worden) hielten die buchstäblich

vorgeführten Professoren am dreistündigen Ablauf des offiziellen Programms fest. Nach der Rede des scheidenden Rektors erhielt ein AStA-Vorsitzender die Gelegenheit, einen Mängelkatalog vorzutragen, der von akuter Raumnot bis zum gestörten Vertrauensverhältnis zwischen Studierenden und Professoren reichte. Aber sein abschließendes Plädoyer »für eine offene Aussprache hier und jetzt« stieß auf taube Ohren. Unter Zwischenrufen und Sprechchören wie »Ehrlicher wird immer entbehrlicher!« las der neue Rektor stattdessen ein einstündiges Referat über die wirtschaftliche Rezession vor. Im Nachhinein beklagte er »das Unordentliche« an seiner Amtseinführung.

Dass Behlmer und Albers, damals junge SPD-Mitglieder, mit ihrer Kritik an den verstaubten autoritäten Strukturen der Ordinarien und an der kaum thematisierten NS-Vergangenheit vieler Professoren ganz richtig lagen, zeigte sich nicht zuletzt an der Reaktion des damaligen Orientalistik-Professors Bertold Spuler, der sie beim Auszug aus dem Audimax mit den Worten »Sie gehören alle ins KZ!« verabschiedete. Spuler, einst NSDAP-Mitglied und SA-Mann, bekam dafür einen förmlichen Verweis und wurde zeitweilig suspendiert, durfte aber schon im Sommersemester 1968 weiter lehren. Immerhin hatte er die beiden Studenten ordnungsgemäß gesiezt.

Das legendäre Banner, das Behlmer am Vorabend des 9. November 1967 angefertigt hatte, wird heute im Staatsarchiv verwahrt. Als Hintergrund für die Leukoplast-Buchstaben diente den »Prankstern« ein Stoffstreifen, der ursprünglich vom Trauerflor der Trauerfeier anlässlich der Beerdigung Benno Ohnesorgs stammte. Noch mehr symbolische Kraft gewann ihre Aktion, indem sie auf ein geschichtsträchtiges Datum fiel. Exakt 29 Jahre vorher hatten Nazi-Schergen während der Pogromnacht neben den meisten jüdischen Einrichtungen Hamburgs auch die Hauptsynagoge am Bornplatz zerstört. Die dortige Gedenkstätte befindet sich auf dem Nachbargelände in Sichtweite zum Audimax.

RANG GROSSEP SAA

Wandsbeker Königstraße 15, Wandsbek

Jimi Hendrix erleuchtet den Osten

Er war jung, er war wild, er war genial – und er kam nach Wandsbek, um eine Gitarre zu kaufen

Der feuchte Geruch frischen Betons liegt über der Wandsbeker Königstraße. Auch im Osten der Stadt ist der Hamburger Bauboom angekommen. Dem fallen viele alte Gebäude zum Opfer. Wirklich schade ist es um den Bau an der Ecke Wandsbeker Königstraße und Brauhausstraße allerdings nicht, zumindest auf den ersten Blick. Zuletzt war hier ein Restaurant. Nur noch ein paar alte Möbel und ein Tresen zeugen davon. In diesen Räumen hat der größte Gitarrist aller Zeiten eines seiner Instrumente gekauft? Und vorher beim Ausprobieren seine galaktischen Töne durch den Raum schweben, wimmern, kreischen und was auch immer noch lassen? Hat er vielleicht dabei leise gesummt und gesungen?

Das geräumige Erdgeschoss sah 1967, als das Gebäude noch dem »Musikhaus Zinngrebe« gehörte, sehr anders aus. Foyer und Verkaufsraum standen voller Verstärker, Lautsprecherboxen und Gitarren der angesagten Marken: Fender, Gibson, Vox, Dynacord, Hopf, Hohner, Höfner oder Selmer. Zinngrebe war eine Institution in Hamburg.

Das war auch der Grund für Jimi Hendrix, dieser Ecke im fernen Osten der Stadt einen Besuch abzustatten. Gerade hatte der erst 21-Jährige ein dreitägiges Gastspiel im »Star Club« beendet und dabei seine Fender Stratocaster zertrümmert. Er brauchte eine neue. Also fuhr die Jimi Hendrix Experience gemeinsam mit Manager Chas Chandler nach Wandsbek – und verursachte einen kleinen Auflauf, wie Bassist Noel Redding später in seinem Tagebuch festhielt. Die Gitarre bezahlten die seltsamen Gestalten bar aus einem Koffer, der voller Geldscheine war – den Einnahmen aus dem »Star Club«. Für die Crew von Zinngrebe war Jimi Hendrix ein Unbekannter. Die Verkäufer arbeiteten an den Wochenenden als gestandene Tanzmucker. Ihre Stammkunden waren Legenden einer anderen Generation, wie James Last oder Ladi Geisler, dessen Knackbass den Sound des Orchesters von Bert Kaempfert geprägt hat. Und nicht ausgemergelte Rockmusiker mit langen Haaren und unbekannten Substanzen im Blut.

Zinngrebe heißt heute Musikhaus Wandsbek. Geführt wird es von der Tochter des Gründers. Nur einhundert Meter von der Ecke entfernt, wo einst der größte Gitarrist aller Zeiten eines seiner Instrumente kaufte.

Restaurant
Steak • Fisch • Salate
Duckstein
رستوران ایرانی پالما

BLOCK
A
Bitte ein Bit

PRESSE
BLOCK
A
Victoria Klause

Lokstedter Steindamm 87, Lokstedt

Der George Best Hamburgs

Fußball-Legende Walter Frosch stand viele Jahre hinter dem Tresen eines kleinen Vereinsheims

Gelb und Blau überall. Im Stadion Hoheluft zieren die Farben des SC Victoria sogar die Deckel der Mülleimer. Erstaunlich, dass sie den neuen Kunstrasen nicht auch entsprechend eingefärbt haben. Aber auch so schon gibt es keinen Zweifel daran, wer in einer der ältesten Spielstätten Deutschlands das Sagen hat. In der »Victoria-Klause« im Betonsockel der Tribüne war das auch immer gleich zu spüren. Selbst wenn Betreiber Walter Frosch einfach nur schweigend zwischen unzähligen Pokalen hinterm Tresen stand und Bier zapfte.

Der George Best Hamburgs war eine Lichtgestalt und Legende. Der Kettenraucher war selbstironisch, respektlos, schlagfertig – und ein Großmaul. Als ihn 1976 Bundestrainer Jupp Derwall für die B-Nationalmannschaft wollte, lehnte er ab mit den Worten: »Ein Walter Frosch spielt nur in der A-Mannschaft oder in der Weltauswahl.« Zu Beginn seiner Profikarriere hatte der gelernte Schornsteinfeger 1974 sowohl beim 1. FC Kaiserslautern als auch bei Bayern München unterschrieben. Während die beiden Spitzenclubs sich um ihn stritten, flog Frosch nach Mallorca. Gab es einen besseren Ort, um das Ergebnis abzuwarten? Der DFB sperrte ihn anschließend für vier Monate. Dann musste er seinen Vertrag in Kaiserslautern erfüllen. Als Verteidiger spielte er ganz nebenbei auch noch guten Fußball. Ohne die ihm maßgeblich geschuldeten 27 Spiele ohne Niederlage wäre der FC St. Pauli in der Saison 1976/1977 nicht in die erste Bundesliga aufgestiegen.

Ach ja, die Zahl 27. In der betreffenden Saison hielt der damals 27-jährige Frosch den Gelb-Karten-Rekord. Lange gab es das Gerücht, es seien 27 gewesen. Dabei konnten die Autoren des Jubiläumsbuches des FC St. Pauli recherchieren, dass es »nur« 18 waren. Walter Frosch ließ sich von der Hamburger Presse mit dem Satz zitieren: »Gegen Solingen und im letzten Spiel bei Wacker Berlin hole ich mir noch je eine Gelbe, dann bin ich auf 20, und das ist doch eine runde Sache, oder?« Wenig später führte der DFB die automatische Gelbsperre nach vier, heute fünf Karten ein. Womit sich der Kreis zu den Vereinsfarben des SC Victoria geschlossen hätte, zumindest zu einer der beiden. Seit Walter Frosch im November 2013 seinen langen Kampf gegen den Krebs verloren hat, veranstaltet der Verein übrigens einmal im Jahr ein Gedenkturnier. Die dort gesammelten Spenden gehen an krebskranke Kinder.

BLOCK
A
SITZPLÄTZE
WC
BLOCK
B
BLOCK
E
ZUGANG MARTINISTRASSE
BLOCK
D
BLOCK
C
WC
EINGANG
BLOCK A,B,C
WC
EINGANG
BLOCK D
Standort
KASSE

Niedergeorgswerder Deich 56, Wilhelmsburg

Wer sind schon Joop und Sander?

Die Veddelhose war ein Modekult, erfunden hat sie eine Schneiderin in Georgswerder

Hier ist Wilhelmsburg noch das, was es seit dem Beginn der Industrialisierung war und zum Teil immer noch ist: ein vernachlässigter Arbeiterstadtteil mit einem hohen Anteil Einwanderer.

Nur ein paar Hipster flitzen auf gestylten Fahrrädern vorbei in Richtung Elbinselpark. Ansonsten dominieren LKW und aufgemotzte Wagen der Marke BMW die Straße. Fenster runtergekurbelt. Musik laut. Ellbogen raus.

Paulsens Geschäft für Arbeitsbekleidung ist bereits von weitem auszumachen. Ein Wandgemälde von zwei Wandergesellen ziert den Giebel. Das Schaufenster steht voller verstaubter Pappkartons. Ein weiteres Traditionsgeschäft im Niedergang? Weit gefehlt. »Wir müssen uns ein bisschen verstecken«, erklärt Inhaber Carsten Paulsen. Dank des Booms der Baubranche können er und sein international besetztes Schneiderteam, das im Souterrain des Hauses werkelt, sich kaum retten vor der Nachfrage nach Arbeitskleidung für die Ewigkeit. Im letzten Jahr betrug die Wartezeit einer maßgefertigten Kluft zwölf Wochen.

Eine Legende aber ist der Familienbetrieb aus einem ganz anderen Grund: Hier wurde mit der Erfindung der Veddelhose Modegeschichte geschrieben, weit ab von Wolfgang Joop und Jil Sander.

Die blaue oder schwarze Veddelhose war in den Siebziger Jahren stilbildend. Koteletten wie Schnitzel und lange Haare mit Seitenscheitel. Dazu trug man knallenge Veddelhosen, unter deren Schlag sich ein Kleinwagen verstecken ließ.

Erfinderin war Carsten Paulsens Mutter. Weil der junge Carsten meist mit zerschlissenen Hosen nach Hause kam, nähte die Mutter ihm kurzerhand eine Hose aus Pilot, einem sehr dicht gewebten Baumwollstoff. Die Nähte arbeitete Mutter Paulsen mit einem besonders festen Garn. Taschen und Hosensaum verstärkte sie mit Leder. Die Hose schlug ein wie ein Bombe. Zuerst kamen Carstens Klassenkameraden, wenig später herrschte ein so großer Andrang, dass die Kunden auf der Straße warten mussten. Alle wollten das eine: unten einen riesigen Schlag, oben knalleng. So eng, dass viele der meist jungen Leute sich die Hosen auf dem Rücken liegend angezogen haben sollen.

ORIGINAL®
veddel
Berufs- und Lederbekleidung
für jeden Arsch 'ne Hose... nach Maß!
ORIGINAL veddel
STICKSTUDIO!

Damals wurde der Name Veddelhose geprägt. Obwohl der Betrieb in Georgswerder liegt. Von Hamburg kamen die Kunden über die Elbbrücken mit der Straßenbahn bis zur Station Veddel, von da aus waren es noch zwei Stationen mit dem Bus.

Zu Hochzeiten fertigten bei Paulsen über dreißig Mitarbeiter 700 Hosen pro Woche. Der Betrieb belieferte Karstadt und andere Großabnehmer, die Veddelhosen bundesweit in ihr Sortiment aufnahmen. Viele Kopisten wollten aufspringen, doch Vater Paulsen hatte das »Original Veddel«-Zeichen geschützt.

Ende der Siebziger ebbte die Welle ab. Was blieb, war die Arbeitsbekleidung. Heute ist Paulsen einer der letzten Betriebe, die noch komplett in Deutschland fertigen. Konfektionsware und auf Maß. Alles made in Hamburg.

Aber auch die Veddelhosen sind zum Teil wieder gefragt. Junge Werbekauffrauen bestellen sie oder in die Jahre gekommene Biker. Letztere wollen eine Hose so wie früher, als die Haare noch lang waren und die Mofa frisiert. Auch wenn der Schlag heute wegen der Figur eher oben herum nötig ist.

Look before you kuck

Anarcho-Humorist und Universalgenie Heino Jaeger wuchs im idyllischen Harburg-Heimfeld auf

Schmucke Vorgärten, vereinzelte Reetdachhäuser, Hinterhöfe mit Holzschuppen und röhrende Rasenmäher. Dieser Teil Harburgs wirkt idyllisch. Wie auch das Fachwerkhaus mit den weiß getünchten Ziegelsteinen schräg gegenüber der Gaststätte Lindenhof. Oben gibt es Wohnungen, unten waren mal ein Milchgeschäft und später ein Heilpraktiker drin. Heute wird dort hinter Milchglasscheiben mit aufgeklebten, bunten Noten eine Musikschule betrieben. »Wo lernen richtig Spaß macht!«, steht auf der Werbung.

Welche bizarre Variation Heino Jaeger wohl aus diesem Slogan gedichtet hätte? Großmeister des Absurden, Anarcho-Humorist, Dittsches böser Onkel, wichtigster Humor-Pionier Deutschlands, Mozart der Komik – Kollegen sparten und sparen nicht mit Superlativen, ob Loriot, Heinz Strunk, Eckhard Henscheid oder Rocko Schamoni. Und bekommen ihn dabei doch nie so richtig zu fassen.

Heino Jaeger war ein Universalgenie und in den 1970er Jahren fast ein Star, jedenfalls in Künstler- und anderen eingeweihten Kreisen. Populär waren seine Radiosendungen. In »Fragen Sie Dr. Jaeger« erzählen fiktive Anrufer Geschichten, wie etwa die Frau des pensionierten Passkontrolleurs, die jetzt zu Hause immer den Ausweis vorzeigen muss, wenn sie ins Wohnzimmer will. Das sei schon alles rechtens und entspreche den Vorschriften, beruhigt sie Doktor Jaeger. Das war eines seiner Standardargumente.

Geboren wurde Heino Jaeger 1938 in Hamburg-Harburg. O-Ton Jaeger dazu: »Ich bin vorschriftsmäßig nach RVO und Mietvorschriften des Hamburger Grundeigentümer-Vereins auf den Schluss des letzten Kalendervierteljahres des Jahres 1937 und mit Wirkung des Inkrafttreten des ersten Quartals 1938, und zwar am 1.1.1938 [...] zur Welt gekommen.«

Der Vater war Pressefotograf, die Mutter Schneiderin. Die Familie ging nach Dresden. Als die Alliierten die Stadt in Schutt und Asche legten, floh sie zurück nach Harburg. Die Jaegers bezogen das weiße Fachwerkhaus. Von hier aus absolvierte Heino eine Ausbildung als Textilmusterzeichner und studierte an der Hamburger Hochschule für bildende Künste in der Klasse von Alfred Mahlau, zeitgleich mit Horst Janssen. Eigentlich begriff er sich als bildender Künstler. Bekannt wurde er aber als Verfasser bizarrer Texte, Rollenprosa und Sketche.

Auf dem Weg dorthin lebte er von Gelegenheitsarbeiten für das Helms- und andere Museen. Hanns Dieter Hüsch entdeckte und vermittelte ihn an den Rundfunk. Außer »Dr. Jaeger« entstanden »Das aktuelle Jaegermagazin«, als Persiflage auf die Sendung »Was wollen Sie wissen?« mit dem bekannten NDR-Ratgeber Erwin Marcus. Schallplattenaufnahmen folgten.

Heino Jaeger wohnte da schon in Hamburg und war Teil einer illustren Clique auf der Reeperbahn, der Hubert Fichte, Leonore Mau, der Boxprinz Norbert Grupe und der bekennende Marxist, Puff- und Pornokinobetreiber Wolli Köhler angehörten.

Tragischerweise hatte Heino Jaeger einen verhängnisvollen Hang zum Alkohol. Er hauste in fürchterlichen Absteigen, verprellte Freunde, Gönner und Auftraggeber, verlor mehr und mehr die Kontrolle über sein Leben und zündete mehrmals seine Wohnung an. Wiederholt wies er sich selbst in die Psychiatrie ein. Bis der Sozialdienst ihn unter Zwang einweisen ließ. Noch in der Psychiatrie parodierte Heino Jaeger die Menschen, die ihn behandelten. Trotzdem sollen seine Ärzte versucht haben, ihn für ihre Privatparties zu engagieren. 1997 starb er in einer geschlossenen Anstalt in Schleswig-Holstein, in der er bis zuletzt darauf bestanden haben soll, Steuern zu zahlen, an einem Schlaganfall.

Dann geriet das Genie in völlige Vergessenheit. Nur einige wenige Fans gab es, die Audiokassetten mit den Aufnahmen seiner vergriffenen Schallplatten tauschten. Heute erinnern Bücher und wieder aufgelegte Tonträger an sein Werk sowie ein sehr empfehlenswerter Dokumentarfilm mit dem Titel »Look before you kuck«. Und kaum ein Humorist mit Niveau beruft sich nicht auf ihn. Heino Jaeger war nie die Karriere vergönnt, die ihm zugestanden hätte. Er war unberechenbar, kaum einzuordnen und passte nicht in die Verwertungsmechanismen der Unterhaltungsbranche. Genau das aber hat seine großartige Kunst eben auch ausgemacht. Ihren Anfang nehmend in einem weißen Fachwerkhaus in Harburg-Heimfeld.

53
MUSIKSCHULE
HEIMFELD
ZEITUNGEN

Haynstraße 1, Eppendorf

Weiße Fassade, rote Hausnummer

Seit einem halben Jahrhundert behauptet sich mitten in Eppendorf ein Wohnkollektiv gegen Spekulation und Gentrifizierung

Im Garten stehen angerostete Spielgeräte. Kanus liegen herum. Die Hecke hinter dem bemoosten Zaun wächst etwas wilder als die der Nachbargrundstücke. Nur an einer Stelle ist sie akkurat gestutzt. Sonst wäre das offene Maul des »Spekulantenfressers« nicht weithin gut zu sehen. Die Bewohner von Hamburgs ältestem besetzten Haus haben ihn vor vielen Jahren aus Stoff, Holz und Drahtgeflecht selbst gebaut. Über die Jahre ist der Dino deshalb etwas zusammengesackt.

Seit 1970 hat sich dieses Wohnkollektiv mitten in Eppendorf festgesetzt, nicht weit entfernt von schicken Boutiquen, Kinderausstattern und Restaurants, von edlen Inneneinrichtern und Luxus-Immobilien-Büros. Da muss man Flagge zeigen. Die Hausnummer Eins leuchtet rot. Im aktuell bestückten Schaukasten ruft ein Plakat zur Demo »Mietenmove« auf. An der schmucken, weißen Jugendstilfassade hängt ein Transparent gegen Fremdenfeindlichkeit und Rassismus.

Wie konnte das gelingen? In einer Stadt, die 1973 ein besetztes Haus in der Ekhofstraße in Hohenfelde brutal vom Mobilen Einsatz Kommando räumen ließ und ein Jahrzehnt später die nach dem damaligen Innensenator benannte Pawelczyk-Doktrin ausgab? Nach der sollte jedes besetzte Haus innerhalb von 24 Stunden geräumt werden. Was der Senat auch bei fast allen Besetzungen durchzog, zum Teil mit äußerster Härte. Ob in Ahrensburg, Bergedorf, St. Pauli oder Eimsbüttel, die Liste der gescheiterten Versuche ist lang. Viel kürzer, aber immerhin existent, ist die der gelungenen Hausbesetzungen. Einige sorgten und sorgen für Aufsehen, wie Hafenstraße, Rote Flora und das Gängeviertel. Andere setzten sich weniger spektakulär durch, wie das Wohnprojekt Schröderstift und verschiedene kleinere Besetzungen mit anschließenden Verträgen. Fast immer wurden dabei erhaltenswerte Gebäude gerettet und bezahlbarer Wohnraum geschaffen. Häufig entstanden aus den Aktionen alternative Wohnformen.

LISMUS
FREMDENFEINDLICH

Wie auch in der Haynstraße. Gegen Ende der sechziger Jahre sollte das 1912 gebaute, zweiflügelige Eckhaus mit vielen Erkern, hohen Stuckdecken, mehr als 20 Wohnungen und beinahe 3.000 Quadratmeter Wohnfläche abgerissen werden. Ein Bauunternehmen hatte die Immobilie erworben. Wegen der damals gültigen Mietpreisbindung von 3,90 Mark pro Quadratmeter (sic!) erzielte der Altbau aus seiner Sicht nicht genügend Rendite. Das sollte in Zukunft ein Neubau aus gelbem Klinker. Weil der Abbruch des heute denkmalgeschützten Jugendstilhauses sich hinaus zögerte, wurden freie Wohnungen über den Allgemeinen Studierendenausschuss der Uni an Studenten vermietet. Vierzehn Wohngemeinschaften mit befristeten Mietverträgen zogen ein. Der Protest gegen die Abrisspläne ließ nicht lange auf sich warten. Die Bewohner organisierten sich in einer Mietergruppe. Sie betrieben eine intensive Öffentlichkeitsarbeit, gründeten mit von Abriss Betroffenen aus anderen Stadtteilen Initiativen gegen Mietwucher und Spekulation. Aus der juristischen Arbeit dieses Netzwerkes entstand der Verein Mieter helfen Mietern, der heute rund 18.500 Mitglieder hat.

1975 verlor das Bauunternehmen einen Räumungsprozess in zweiter Instanz und verkaufte das Haus entnervt an ein Schweizer Immobilienunternehmen. Den Bewohnern der Haynstraße gelang es, mit dem neuen Eigentümer einen Vertrag über das gesamte Haus und nicht für einzelne Wohnungen abzuschließen. Alle Mieter unterschrieben. Dieses mit Schreibmaschine geschriebene Papier, mit 23 Paragraphen auf acht Seiten, ausgearbeitet von einem damaligen Jurastudenten und Hausbewohner, schützt das Projekt bist heute. Daran konnte auch die von den neuen Besitzern vorangetriebene Umwandlung der Wohnungen in Eigentum nichts ändern. Zahlreichen Prozessen hielt der Vertrag stand, mit denen die neuen Einzel-Eigentümer die Räumung der Wohnungen erzwingen wollten. Mittlerweile sind 13 Mitglieder der Hausgruppe selbst Eigentümer. Ein Verrat alter Ideale? Nur auf den ersten Blick. Vielmehr handelt es sich um einen geschickten Schachzug: Das Gesamtmietverhältnis kann nur gekündigt werden, wenn alle Eigentümer zustimmen. Dem ist so ein Riegel vorgeschoben.

Seit fast fünfzig Jahren ist das Haus dem kapitalistischen Verwertungsprozess entzogen. Die Gemeinschaft ist weiterhin vernetzt mit anderen Initiativen und begreift sich als Teil einer Bewegung. Nach wie vor müssen sich Aspiranten auf eine Wohnung vor der Hausgemeinschaft bewerben.

Bis heute wird in Hamburgs ältestem Wohnprojekt also anders gelebt. Auch wenn auf die Kinder vielleicht nicht mehr die ganze Hausgemeinschaft aufpasst, so wie es früher einmal gewesen sein soll, als der heute wohl bekannteste Bewohner der Haynstraße dort aufwuchs: Jan Delay. Der Rapper und Popstar war 1976 das erste Kind, das in der Haynstraße geboren wurde.

Hinter der weißen Jugendstilfassade mit der roten Hausnummer ist also viel Gutes passiert. Ob das allerdings der Grund war für die Landesinnung der Gebäudereiniger, sie als schönste Fassade 2010 auszuzeichnen – wovon eine Plakette an einem der Eingangspfeiler zeugt –, sei dahin gestellt.

Dorfleben ohne Dorf

Vor über vierzig Jahren musste Altenwerder der Hafenerweiterung weichen, in der übrig gebliebenen Kirche geht das Gemeindeleben weiter

Die meisten kennen die St. Gertrudkirche nur aus der Ferne, von der Anfahrt auf Hamburg über die Autobahn 7 aus südlicher Richtung. Besonders nachts, wenn der Backsteinturm angestrahlt wird, wirkt sie wie ein trauriges, etwas rätselhaftes Überbleibsel vergangener Zeiten, hoch überragt von riesigen Containerbrücken und Windkraftanlagen, eingekeilt zwischen breiten Straßen und großflächigen Logistikhallen.

Das zugehörige Fischerdorf musste ab 1973 dem Containerterminal Altenwerder weichen. Zunächst kaufte die Stadt Häuser und Grundstücke, ließ sie brach liegen, um das Gelände dann aufzuspülen und mit einem der, bei seiner Eröffnung 2002 zumindest, weltweit modernsten Terminals zu bebauen. Für ein lebendiges Fischer- und Bauerndorf, dessen Kirche erstmals 1436 Erwähnung fand, gab es in diesem bereits 1961 beschlossenen Masterplan keinen Platz.

Warum steht die Geschichte dann in diesem Buch? Weil die Gemeinde der Kirche diese bis heute füllt und damit die Dorfgemeinschaft am Leben hält, auch wenn diese ihren Ort längst verloren hat. An zwei Sonntagen im Monat finden in der denkmalgeschützten Kirche Gottesdienste statt, es gibt Konfirmationen, Orgelkonzerte und gemeinsame Veranstaltungen mit der Seemannsmission. Heiligabend platzt das Gotteshaus traditionell aus allen Nähten. Auch Treffen ehemaliger Bewohner und das Volksfest Klönschnack freuen sich über zahlreiche Besucher. Obwohl die Menschen, die selbst in Altenwerder gelebt haben, langsam aussterben.

Zudem behauptet sich rund um die Kirche ein faszinierendes Fleckchen Natur: Kröten und Frösche quaken am Rande von Kanälen und Tümpeln voller Entengrütze. Singvögel trällern aus dichtem Buschwerk, zwischen dem Schmetterlinge umherflattern. Ein Schild am Tor zum Friedhof mahnt, dieses immer geschlossen zu halten, da sonst Wildverbiss die Gräber ruinieren würde. Mit etwas Glück trifft man dieses Wild unter der Autobahn, die hier auf mächtigen Pfeilern steht, was für interessante Rhythmen durch den über die Betonplatten rasenden Autoverkehr sorgt. Scheinbar ungestört äsen die Tiere auf dem saftigen Grün.

Andy Warhol in Pöseldorf

Wie ein Industriellensohn die Pop-Art nach Hamburg brachte

Ein idyllisch gelegener Hinterhof am Ende der Milchstraße. Die flachen Fachwerkbauten beherbergen verschiedene Lokale für die gediegene Nachbarschaft Pöseldorfs. Einer der Ladeneingänge führt in eine Kunstgalerie, in der Gemälde zum Verkauf angeboten werden. Diese übersichtlichen Räumlichkeiten sollen der Schauplatz einer der europaweit ersten Einzelausstellungen von Andy Warhol gewesen sein? Kaum zu glauben, aber wahr.

Dass der kleine Hof in die Kunstgeschichte eingehen sollte, war dem Engagement von Gunter Sachs zu verdanken. Eigentlich hatte der Industriellenerbe vorgehabt, ein Museum für moderne Kunst in München zu errichten. Doch als dieses Projekt an behördlichen Auflagen scheiterte, verlegte Sachs seine Aktivitäten als Kunstförderer nach Hamburg. In der Milchstraße 28 eröffnete er im Oktober 1972 die »Galerie an der Milchstraße«. Die erste Ausstellung widmete er einem befreundeten Künstler und Werbegrafiker aus New York, der sich in den letzten Jahren durch bizarre Filme und serielle Siebdrucke sowie durch Kooperationen mit Rockbands wie Velvet Underground und den Rolling Stones einen Namen gemacht hatte.

Sachs war Fotograf, Filmer, Bobfahrer und das Paradebeispiel eines Playboys. Er galt zudem als Kenner und Sammler moderner Kunst. Sein Einstand als Galerist wurde von den Hamburgern mit Spannung erwartet. So drängten sich auf der Vernissage der Warhol-Ausstellung rund 200 Gäste auf ebenso vielen Quadratmetern. Immerhin hatte Sachs den Künstler persönlich einfliegen lassen. Allerdings sollte Warhol im Verlauf des Abends durch Zurückhaltung glänzen. Dass der stille Gast mit der exzentrischen Frisur gerade im Begriff war, zu einem der wichtigsten Künstler des 20. Jahrhunderts aufzusteigen, dürfte damals kaum jemand der Anwesenden geahnt haben. Angeblich wurde keines der ausgestellten Werke verkauft. Um seinem Protegée eine Enttäuschung zu ersparen, erstand Sachs insgeheim ein Drittel der Exponate selbst. Keine schlechte Investition.

Die »Galerie an der Milchstraße« schloss schon im dritten Jahr ihres Bestehens. Sein »geliebtes Hamburg« ließ Gunter Sachs damit zurück. Anschließend veräußerte er die

DR. MED. EVELINE URSELMANN
PRAXIS FÜR ÄSTHETISCHE MEDIZIN

Anteile seines millionenschweren Modeunternehmens, um ein internationaler Star-Fotograf zu werden und sich weiterhin neuer Kunst zu widmen. Erst in den 1990ern rückte ein ganz anderes Beschäftigungsfeld in seinen Mittelpunkt. Mit der Gründung des »Institut zur empirischen und mathematischen Untersuchung des möglichen Wahrheitsgehaltes der Astrologie in Bezug auf das Verhalten von Menschen und deren Anlagen« zog es den Mittsechziger nun zu den Sternen – sozusagen wieder in Richtung Milchstraße.

Dieses Objekt ist videoüberwacht !
DEKOM

Clemens-Schultz-Straße 77, St. Pauli

Raus aus der Schmuddelecke

Der erste schwule Porno-Shop in Deutschland war Teil eines Aufbruchs, ohne den der heutige Umgang mit Homosexualität nicht möglich gewesen wäre

Ein weißer Hahn steht auf dem Dach vom Mini-Grill. Mit Augenzwinkern und einladender Geste weist er auf die Kollegen Broiler, die sich auf dem Spieß unter ihm drehen. Links daneben geht es ein paar Stufen hinunter in ein unscheinbares Ladenatelier. Fotobände liegen im Schaufenster des kleinen Studios für »Handpoke Tatoos«. Eine wachsende Zahl Tätowierer besinnt sich auf diese traditionelle Methode und sticht von Hand, einhundert Stiche die Minute anstelle von eintausend mit der Maschine. Die filigranen Bilder in Schwarz und Grau gefallen immer mehr modebewussten, jungen Menschen.

Früher wurden Tätowierungen von Hand in Knästen und Jugendheimen gestochen. Wie die mit der Maschine »gepikerten« waren sie Grenzgängern am Rande der Gesellschaft vorbehalten. Auch das Angebot des »Revolt Shop«, der 1976 an dieser Stelle als erster schwuler Porno-Laden in Deutschland eröffnete, richtete sich nicht gerade an die Mitte der Gesellschaft. Zumindest auf den ersten Blick.

Anfangs gab es im »Revolt Shop« fast nur Pornohefte und ein kleines Schwulen-Porno-Kino. Das kam an. Schon im Winter 1977 wurde die Ladenfläche verdoppelt. Mit Büchern, Postkarten, Wäsche, Intimschmuck und anderen Artikeln erweiterten die Betreiber das Sortiment. Das kleine Kino mit nur einer Hand voll Klappstühlen allerdings schlossen sie wegen der Aids-Problematik 1981. So wollten die Betreiber vermeiden, dass dort Dinge passieren, die zur Infektion führen. Dafür eröffneten sie einen Laden für Postkarten und Poster in Berlin und in Hamburg in der benachbarten Hein-Hoyer-Straße die Stadtteilbuchhandlung »Leselust«.

Die Eröffnung des »Revolt Shop« war selbst in St. Pauli ein mutiger Schritt. Die Schwulenbewegung war noch jung. Der Aufstand von Homosexuellen und anderen sexuellen Minderheiten gegen Polizeiwillkür in der New Yorker Christopher Street lag nur wenige Jahre zurück. Der in Gedenken daran jährlich stattfindende Christopher Street Day war in Deutschland noch nicht etabliert. In Hamburg entstanden aber Beratungsstellen, Selbst-

Frisch gegrillte
317 17 1

hilfegruppen und Schwulencafés. Heraus aus der Schmuddelecke, ans Licht und in die Öffentlichkeit, schrill, bunt und selbstbewusst. Der Mut der frühen Protagonisten stieß die Tür auf zu dem, was im Verlaufe der letzten Jahrzehnte möglich geworden ist, ob offen schwule Bürgermeister oder gleichgeschlechtliche Ehe.

Und wie passt Porno dazu? Pornografie, nicht nur für Schwule, bekam in den 1970er Jahren im Zuge der sexuellen Befreiung einen anderen Nimbus. Sie tauchte aus den Tiefen dunkler Bahnhofkinos auf und beschäftigte weite Teile der Gesellschaft. Andy Warhol drehte revolutionär-erotische Underground-Movies. Der von der Mafia finanzierte Low Budget Streifen »Deep Throat« lief in normalen Lichtspielhäusern und wurde sogar in der »New York Times« besprochen. Wenig später löste die VHS-Videotechnik einen wahren Porno-Boom aus. Schwulenbewegung und der Triumphzug der Pornografie fanden ungefähr zeitgleich statt. Haben sie sich einander auch bedingt?

»Ich glaube, dass wir mehr Emanzipation geleistet haben als alle Selbsthilfegruppen zusammen«, zitierte die Tageszeitung »taz« einen der beiden Gründer anlässlich der Schließung des »Revolt Shop« 1996. Es sei einfach praktischer angelegt gewesen, beim Stöbern im Laden hätten Gespräche entstehen können. Das Ziel des »Revolt Shop« sei es immer gewesen, Männer bei ihrem Coming-out zu unterstützen. Zeit und Geduld waren demnach die beliebtesten Artikel in Deutschlands erstem schwulen Porno-Shop.

BASIL

Wehren hilft

Vor vierzig Jahren besetzten »Greenpeace«-Aktivisten den Schlot einer Pestizidfabrik, wenig später musste das Werk schließen

Herzlich willkommen im MAN TopUsed Center« steht an dem Eingangstor zu dem weitläufigen Gelände, auf dem lange Reihen blitzsaubere Lkw stehen, deren Lack und Chrom in der Sonne fast blenden.

Herzlich willkommen waren Peter Krichel und Harald Zindler am 24. Juni 1981 auf dem Gelände des damals hier ansässigen Chemiegiganten Boehringer sicher nicht. Mit einem Lieferwagen der selbst erfundenen Spedition Friedemann Grün schmuggelten sie sich hinein. Langsam ließen sie den unauffälligen Wagen auf das Firmengelände rollen, der laut Frachtpapieren mit Befestigungslaschen und einem Gehäuse beladen war. Die beiden Männer hielten in der Nähe eines Schornsteins und stiegen aus. In aller Ruhe gingen sie auf den Schlot zu. Dann lief alles sehr schnell. Die beiden Männer kletterten zügig den Schornstein hoch. Oben angekommen entrollten sie ein langes Transparent: »Erst wenn der letzte Baum gerodet, der letzte Fluss vergiftet, der letzte Fisch gefangen, werdet ihr feststellen, dass man Geld nicht essen kann.« Darunter prangte der Schriftzug von Greenpeace. 26 Stunden harrten die Aktivisten in luftiger Höhe aus, um gegen die Verseuchung der Umwelt mit hochgiftigem Dioxin aus dem Werk zu protestieren. Damit ihre Aktion in der Öffentlichkeit ausreichend wahrgenommen wurde, hatten sie im Lieferwagen versteckte Journalisten mitgebracht. Drei Jahre später ordnete ein Gericht die Schließung der Giftküche Boehringer an, in der in der Vergangenheit auch Komponenten für das im Vietnamkrieg eingesetzte Entlaubungsgift Agent Orange produziert worden waren.

Die Aktion machte nicht nur Greenpeace schlagartig bundesweit bekannt. Sie war Teil der Geburt einer Umweltbewegung in Hamburg und der ganzen Bundesrepublik, die es so vorher nicht gegeben hatte.

Ökologie und Umweltschutz waren bis dato eher Themen für langhaarige Aussteiger, Maschinenstürmer und verstaubte Nostalgiker. Der Hamburger Senat setzte auf industriel-

BILLY BOY
Das aufregend andere Condom
Nimm mich!

len Fortschritt und gigantische Wachstumsprognosen. Mit der offensiven Ansiedlung von Industrie wollte er neue Arbeitsplätze in einem Wirtschaftszentrum vom Ausmaß des Ruhrreviers schaffen. Milliarden-Subventionen und lasche Umweltauflagen sollten Investoren locken. Großunternehmen wie die Beiersdorf AG und die Norddeutsche Affinerie folgten dem Lockruf. Auch der Hafen sollte wachsen: In dem von dem Hamburger Wirtschaftssenator Helmuth Kern 1976 vorgestellten Entwicklungsplan war der gesamte Raum südlich der Elbe für den Hafenausbau und zur Ansiedlung von Rohstoffindustrie vorgesehen. In die zehnjährige Amtszeit Kerns als Wirtschaftssenator fielen zudem Großprojekte, wie der Bau der Köhlbrandbrücke und des Neuen Elbtunnels.

Die elektrische Energie für den Industrialisierungsschub sollten eine ganze Reihe Atomkraftwerke an der Elbe liefern: Stade, Brunsbüttel, Krümmel und Brokdorf. Letzteres wurde zum Symbol der Anti-Atom-Bewegung, wie auch das geplante Endlager in Gorleben im »Zonenrandgebiet« an der Grenze zur DDR.

Ab den 1970er Jahren war die Zahl der Skeptiker gewachsen. Als der Thinktank Club of Rome 1972 den Aufruf »Die Grenzen des Wachstums« veröffentlichte, fand dieser breites Gehör und trat eine ökologische Debatte los. Ölkrise, steigende Arbeitslosigkeit, stagnierendes Wachstum und hohe Inflationsraten dürften einiges dazu beigetragen haben. Vor allem aber ein Gefahrenpotential historisch neuer Qualität, wie der Soziologe Ulrich Beck 1988 in seinem bei Suhrkamp erschienenen Buch »Gegengifte. Die organisierte Unverantwortlichkeit« analysierte.

Zu tun gab es in Hamburg genug. Arsen in Boden und Trinkwasser im Osten der Stadt. Sprengstoff und Nervengift bei Stoltzenberg in Eidelstedt. Umweltschutzgruppen führten mit einem Kanu erstmals ein umfassendes Messprogramm in Elbe und Hafen durch.

Der Senat reagierte zwar 1978 mit der Neugründung der Umweltbehörde unter Senator Wolfgang Curilla – die aber erwies sich zunächst als zahnloser Tiger. Noch 1982 führte die Forderung der GAL, Betriebe zur Offenlegung ihrer Schadstoffemissionen zu zwingen, zu heftiger Abwehr bei der eng mit Gewerkschaften und Betriebsräten verflochtenen Regierungspartei SPD.

Seitdem hat sich dank der Umweltbewegung vieles geändert. Der Atomausstieg ist beschlossene Sache, wenn auch kein Selbstgänger. Und auf dem Gelände in Billbrook deutet nichts mehr hin auf die hochgiftige Vergangenheit des Areals. Doch unter der 80.000 Quadratmeter großen Asphaltfläche gemahnen erhebliche Mengen hochgiftiges Dioxin,

eingegossen in einen Betonsarg aus achtzig Zentimeter dicken Wänden, an die Fehler der Vergangenheit.

Die Abdichtung aber scheint zumindest so gut, dass auf den Feldern und in den Gewächshäusern auf der anderen Seite der Andreas-Meyer-Straße Gemüse wächst, das nach den Standards der Lebensmittelsicherheit verzehrt werden darf.

Diese Standards sind ebenfalls die Errungenschaft der damals entstandenen Umweltbewegung. So wie auch die mittlerweile penible Kontrolle der Abgase aus den Schornsteinen der nahen Müllverbrennung und des Kraftwerkes Tiefstack. Ein Grund zur Entwarnung ist das nicht. Artensterben, Klimaerwärmung oder mit Plastik vermüllte Meere bedrohen Mensch und Natur. Das Beispiel der Besetzung des Schlotes bei Boehringer und viele andere Aktionen aber zeigen: Widerstand kann helfen.

30
ZEPPELIN

30

Das Sommermärchen

Eine Bürgerinitiative erkämpfte die erste Tempo-30-Zone auf einer Hauptverkehrsstraße in Deutschland

Wegen Straßenbauarbeiten ist die Holländische Reihe für zwei Wochen ab dem Sommeranfang für den Autoverkehr gesperrt. Sofort blüht hinter den rotweißen Absperrungen ein anderes Leben auf: Kinder spielen auf dem Asphalt. Radfahrer radeln nebeneinander die Straße entlang. Spaziergänger schlendern unter den dichten Kronen der hohen Bäume, in denen der Wind rauscht. Hätte man das Rauschen auch bei dem normalerweise regen Autoverkehr gehört? Sicher nicht. Jetzt aber breitet sich die Ruhe sogar bis in die Nebenstraßen aus. Ein Sommermärchen. Davon müssen die in einer Bürgerinitiative organisierten Anwohner geträumt haben, als sie vor fast vierzig Jahren begannen, für ein verkehrsberuhigtes Ottensen zu kämpfen.

Im Juni 1982 erreichten sie den ersten Teilerfolg: In der Holländischen Reihe, einer für den Stadtteil verhältnismäßig breiten Durchgangsstraße, wurde Deutschlands erste Tempo-30-Zone in einer Hauptstraße eingerichtet. Kurz zuvor waren dort zwei Kinder bei Verkehrsunfällen ums Leben gekommen.

Ottensen war damals ein sehr politisches Quartier. Nachdem der geplante Abriss des engen Arbeiterviertels zugunsten einer City West aus Bürotürmen verhindert worden war, kämpften die Anwohner gegen zweispurige Zubringerstraßen zu Autobahn und neuem Elbtunnel, forderten eine Beruhigung des Verkehrs und ein Verbot des Schwerlastverkehrs. Sie stellten selbstgemalte Tempo-30-Schilder auf, rollten Zebrastreifen aus und spielten Volleyballturniere auf den Straßen. Mit Fahrraddemos zwangen sie Autofahrer zum Schritttempo und blockierten Kreuzungen.

Heute ist fast jede Straße im Quartier verkehrsberuhigt. Die meisten der Schilder sind von der Sonne ausgeblichen oder längst erneuert. Die Flut an SUVs und anderen zu großen Autos, die sich durch die engen Straßen quälen, reißt trotzdem nicht ab. Aber zumindest ist die Zahl der Verkehrstoten seit den 1970er und 1980er Jahren in Hamburg sehr deutlich zurück gegangen. Die Einführung von Tempo-30-Zonen in großen Teilen der Stadt dürfte daran ihren Anteil gehabt haben.

ab 21.06.18
bis 02.07.18
Wende-
möglichkeit
30
ZEPPELIN
ZEPPELIN

Alter Postweg 30-38, Heimfeld

Legendärer Lärm

Die Beatles nahmen in der Friedrich-Ebert-Halle erstmalig ihre eigenen Songs auf – später tobten hier Hamburger Punks zur Musik der Dead Kennedys

Kronleuchter hängen von der Decke. Neben der Bühne ragen die Pfeifen einer Orgel hinauf zum elegant geschwungenen Rang. Von dort blickt ein hölzerner Beethoven-Kopf mit ernster Miene auf das Parkett herunter. Die 1929 erbaute Friedrich-Ebert-Halle zählt zu den weniger bekannten Schätzen des städtischen Musikbetriebs.

Aufgrund seines Raumklangs wird der Festsaal von klassischen Musikern für Konzerte und Tonaufnahmen genutzt. Zwei Ereignisse aus der Popwelt waren es aber, mit der sich die Friedrich-Ebert-Halle in die Subkulturgeschichte Hamburgs einschrieb: ein denkwürdiges Konzert der US-Punkband Dead Kennedys auf dem Höhepunkt ihres Schaffens sowie die erste Plattenaufnahme jener Band, die später als »The Beatles« unvergleichlichen Weltruhm erlangte.

Die akustischen Eigenschaften der Friedrich-Ebert-Halle schätzte auch Bert Kaempfert. Deswegen hatte der Barmbeker Komponist und Bandleader die Räumlichkeiten für den 22. und 23. Juni 1961 angemietet, um das »Twist«-Album eines jungen englischen Sängers namens Tony Sheridan zu produzieren, der ihm zuvor bei einem Auftritt im Kiezklub Top Ten aufgefallen war. Sheridans Begleitband wurde von Kaempfert gleich mit verpflichtet. Sie sollte im Hintergrund für den nötigen Schwung sorgen. Die Aufnahmen waren für acht Uhr morgens angesetzt. Nachdem die Techniker ein mobiles Tonstudio im Festsaal eingerichtet hatten, drehten die Musiker ihre Verstärker auf.

Was dann von der Bühne schallte, dürften die von Kaempfert engagierten Toningenieure als ziemlichen Lärm empfunden haben. »Laut, laut, laut!«, sei die Devise von Sheridan & Co. gewesen, »für uns war das natürlich noch etwas neu«, erinnerte sich Tonmeister Karl Hinze im Ausstellungskatalog »Die Beatles in Harburg« (1996). Live und mit nur wenigen Mikrofonen zeichnete er die rockigen Coverversionen von Klassikern wie »When The Saints« und »My Bonnie« auf. Da die Musiker trotz ihres zarten Alters ausgesprochen routiniert agierten, war das Album schnell im Kasten. Deswegen erhielten die »Beat Brothers«,

wie Sheridans damalige Begleiter hießen, noch die Gelegenheit, erstmals auch Songs aus eigener Feder aufzunehmen.

Die Plattenaufnahmen für die Polydor spülten immerhin 300 Mark pro Person in die Bandkasse. Für Musiker-Kids, die sich sonst Nacht für Nacht unter Aufputschmitteln in den Live-Clubs von Liverpool und Hamburg-St. Pauli für weitaus weniger Geld die Finger wund spielten, war das ein lukrativer Job. Welcher Riesenerfolg bald über die Beatles hereinbrechen würde, konnte noch niemand ahnen. Auch nicht ihr Verleger Alfred Schacht und der Mit-Entdecker der Band, Bert Kaempfert.

Wenige Monate nach den Sessions in Harburg ließen sich John Lennon und Paul McCartney von Astrid Kirchherr und Jürgen Vollmer die berühmten »Pilzkopf«-Frisuren verpassen. Die Band ging zurück nach Liverpool, wo der Plattenhändler Brian Epstein sie unter seine Fittiche nahm. Als angehender Bandmanager erwirkte Epstein für seine Schützlinge eine vorzeitige Entlassung aus den noch bestehenden Verträgen in Hamburg. Unmittelbar danach traten die »Fab Four« mit neuem Look und neuem Sound ihren Siegeszug durch die Popwelt an.

Dass die ersten Plattenaufnahmen der Beatles in der Friedrich-Ebert-Halle stattfanden, hat die Veranstalter des Dead-Kennedys-Konzerts im Winter 1982 wahrscheinlich nicht weiter interessiert. Die Organisatoren konnten nämlich froh sein, mit dem altehrwürdigen Haus in Harburg-Heimfeld überhaupt einen Austragungsort für ihr Event gefunden zu haben, nachdem die einschlägigen Clubs im Zentrum der Stadt – der üblichen Randale bei Punk-Konzerten überdrüssig – dankend abgelehnt hatten.

Auch die Polizei begegnete der neuen Jugendkultur eher feindselig. Nun mobilisierte die berühmte Gruppe um den charismatischen Sänger Jello Biafra die Punkgemeinde Hamburgs geschlossen in den verschlafenen Süden der Stadt. Zu allem Überfluss (jedenfalls aus Sicht der Staatswächter) standen bei dem Gastspiel noch eine Band namens Millions Of Dead Cops auf dem Programm sowie die berüchtigten Slime, die wegen Songs wie »Bullenschweine« längst indiziert worden waren. Das hatte bei der Innenbehörde anscheinend schon im Vorfeld die Alarmglocken läuten lassen.

Für die Punks geriet die Anfahrt zum Spießrutenlauf. So versuchte die Polizei schon am Hauptbahnhof, die Fans von der Weiterfahrt nach Harburg abzuhalten. Wer durch diese Schikanen schlüpfen konnte, wurde am Zielbahnhof von weiteren Beamten in Kampfmon-

tur empfangen. Dennoch gelangten über 1.000 Punks zur Friedrich-Ebert-Halle. Was niemand von ihnen wusste: Vorsichtshalber hatte die Hamburger Polizei dort zusätzlich eine Hundertschaft in den Kellerräumen abgestellt.

Aber der geradezu herauf beschworene »Riot« fand glücklicherweise nicht statt. Beim Konzert wurden zwar ein paar Sitzreihen demoliert. Das nahmen die Polizisten im Keller allerdings nicht zum Anlass loszuschlagen. Stattdessen verbrachten sie ihren Bereitschaftsdienst mit stundenlangem Skatkloppen, während die Punks im Festsaal zu tobender Musik einen unvergesslichen Pogo-Abend zelebrieren konnten.

Die geschichtsträchtigen Bühnenbretter, auf denen Tony Sheridan und die frühen Beatles sowie Jello Biafra und viele andere standen, sind längst verschrottet. Nach jahrzehntelangem Betrieb (und nicht zuletzt nach dem Konzert der Dead Kennedys) erfuhr die Friedrich-Ebert-Halle eine grundlegende Renovierung. Zudem wurde der denkmalgeschützte Konzertsaal 2014 umfassend saniert. Es heißt aber, dass Souvenirjäger noch rechtzeitig ein paar Splitter des »historischen Holzes« für ihre Privatsammlung sichern konnten.

Poppenbüttler Weg 236, Poppenbüttel

Pop-Papst in Weiß

In einer Vorstadtdisco eröffnete Clemens Grün mit dem Kir einen der wichtigsten Musik-Clubs Hamburgs

Große Gärten, alte Bäume, der Alsterlauf und ein Einkaufszentrum. Für gesetzte Menschen und Familien mit Kindern ist Poppenbüttel das Paradies, für Jugendliche und Jungerwachsene kann es genau das Gegenteil sein: eine Vorstadthölle voller Langeweile. Clemens Grün hatte ein Rezept dagegen. In der Disco Sitrone eröffnete er 1983 das Kir, damals der erste Club der Stadt, der konsequent auf New Wave, Independent und Punk setzte. Die Zeit dafür war reif.

Im Kir spielten Bands wie die Go Betweens, Die Ärzte, die Cocteau Twins, die Sisters Of Mercy und der Rapper Kurtis Blow ihre ersten Konzerte in Hamburg. Dazu legten DJs den passenden Sound auf. In Poppenbüttel dauerte der Erfolg allerdings nicht lange an. 1984 brannte das historische Gasthofgebäude komplett nieder. Das Kir zog in die Max-Brauer-Allee in Altona, setzte sein Programm fort und blieb bis in die 1990er Jahre ein stilprägender Club. Stellvertretend für die vielen anderen temporären Kraftfelder musikalischer Innovationen in Hamburg, ob Onkel Pö, Krawall 2000, Versuchsfeld, Heinz Karmers Tanzcafé oder Mitternacht, soll es in diesem Buch seine Würdigung finden. Zumal Clemens Grün noch viel mehr für den Pop in der Stadt leistete, wie zum Beispiel die erstmalige Etablierung einer täglichen Seite zum Thema in der »Hamburger Morgenpost«.

Aber auch, weil der »Pop-Papst« mit dem Nachnamen Grün stets ganz in Weiß gekleidet war, bis hin zum Gestell seiner runden Brille. Und der Ort heute? Ein nach dem Brand gebauter Gebäudeklotz aus weiß lasiertem Klinker, mit weißen Fenstern zwischen deren Isolierverglasung weiße Sprossen aus Kunststoff rustikal wirken sollen, zeigt: Die Farbe Weiß alleine sorgt nicht immer für Gutes.

Z4

Einloggen, frohloggen, ausloggen

Der Chaos Computer Club gründete sich im Keller eines Anarcho-Buchladens

Höchste Rechenleistung, ausgereiftes Datenmanagement, kompetenter Service«, so der Slogan des Deutschen Klimarechenzentrums. Im großen, grauen Monolith an der Bundesstraße werden unvorstellbare Datenmengen im Dienst der Forschung verarbeitet. Nur zwei Blocks weiter steht das Haus, das Anfang der 1980er den »Schwarzmarkt« beherbergte. Der Anarcho-Buchladen diente einst als Redaktionsadresse einer heute noch erscheinenden Hacker-Postille namens »Die Datenschleuder«. In den verqualmten Kellerräumen bildete sich auch die Keimzelle eines Vereins, der sich rasch zu einer unverzichtbaren Institution in Fragen der IT-Sicherheit entwickeln sollte – lange bevor die meisten Nutzer digitaler Technik überhaupt ahnten, wie wichtig dieses Thema noch werden würde.

Eine Zusammenkunft in Berlin gilt als Initialzündung für die Gründung des Chaos Computer Clubs (CCC). Am 1. September 1981 lud ein »Tuwat TXT Version« überschriebenes Inserat zu einem informellen Treffen in die Räumlichkeiten der »Tageszeitung«. Um nicht länger »unkontrolliert vor sich hinzuwuseln«, wolle man mit Gleichgesinnten über Themen wie »Netzwerke, Datenbanken, Programmiersprachen, Encryption und was auch immer« sprechen.

Danach konzentrierte sich das »Gewusel« zunehmend in Hamburg. Im »Schwarzmarkt« entstand ein offener Stammtisch. Zusätzlich fungierte ein Souterrain in der Schwenckestraße als »Clubraum«. Nebenan hauste mit Herwart Holland-Moritz, genannt »Wau«, einer der Unterzeichner der »Taz«-Anzeige. In der Eppendorfer Privatwohnung seines Kumpanen Steffen Wernéry wurde 1984 eine Aktion gestartet, die als »Btx-« oder »HASPA-Hack« in die jüngere Geschichte eingehen sollte: Mithilfe eines »Datenklos«, dem Nachbau eines Telefonmodems, erleichterten Holland und Wernéry die »Hamburger Sparkasse« über Nacht um 135.000 Mark. Nicht ohne Grund lautete einer ihrer damaligen Leitsprüche »Einloggen, frohloggen, ausloggen«.

Stichworte wie Datenschutz und Netzwerksicherheit hatte bis dahin kaum jemand auf dem Schirm. Dass sie jetzt plötzlich verstärkt in die Medien gerieten, war höchste Zeit. Im »Orwell-Jahr« begann eine gesteigerte Sensibilität für Datenschutzfragen um sich zu

greifen. Bei der Diskussion um eine neue Volkszählung machte der Begriff des »Gläsernen Menschen« die Runde. Das Internet, wie wir es heute kennen, war zwar noch nicht in Sicht. Doch Post-Minister Christian Schwarz-Schilling hatte soeben das technologische Vorzeigeprojekt »Bildschirmtext« bundesweit frei gegeben, inklusive einem Vorläufer des »Online-Banking«. Die damit verbundenen Sicherheitsbekundungen führten die »Chaoten« ad absurdum, indem sie demonstrierten, wie einfach ein »virtueller Bankeinbruch« durchzuführen war. Holland und Wernéry gestanden anschließend ihren Coup, die erbeutete Summe gaben sie zurück. HASPA-Vorstand Benno Schölermann zeigte sich im »heute journal« enttäuscht von den zugesicherten Garantien der Deutschen Post und kündigte eine Klage an. Der »Tüchtigkeit« des Hackerduos sprach er dagegen seine Hochachtung aus.

Neben dem »Btx-Hack« fällt ein weiteres Ereignis zur Etablierung des CCC ins Jahr 1984: Weil die ursprüngliche Keimzelle des Clubs nach dem Medienrummel starken Zulauf erfuhr, wurde der »Chaos Communication Congress« ins Leben gerufen. Bis 1997 blieb das Eidelstedter Bürgerhaus sein angestammter Austragungsort. Wegen stetig steigender Besucherzahlen verlegten die Organisatoren die Veranstaltung später in die Berliner und Hamburger Kongresszentren. 2017 kamen sage und schreibe 15.000 Gäste zum 34. Chaos Communication Congress. In Reminiszenz an seine Anfänge trug der »34C3« das Motto »Tuwat«.

Wau Holland blieb dem CCC als »Alterspräsident« weiter verbunden, bis er 2001 im Alter von 49 Jahren den Folgen eines Schlaganfalls erlag. Der Club, den er mit seinen »Komputerfrieks« Anfang der 1980er auf den Weg brachte, zählt mittlerweile zu den wichtigsten Stimmen, wenn es um Datensicherheit und den Schutz der Privatsphäre geht. »Watching them watching us«, heißt es dort nach wie vor.

Auch den bissigen Humor ihrer anarchischen Altvorderen hat die jüngere Generation sich bewahrt. So veröffentlichte die »Datenschleuder« im März 2008 einen Bausatz für den Fingerabdruck des damaligen Innenministers und Überwachungsbefürworters Wolfgang Schäuble. Den hat es nach eigenem Bekunden zwar »nicht gejuckt«. Doch dem CCC war es damit wieder einmal gelungen, die mediale und öffentliche Aufmerksamkeit auf ein Thema zu lenken, das vielen heute noch wie »Neuland« vorkommt.

Die »Bild«-freie Zone

Zwei Ladeninhaber in Ottensen weigerten sich, Springers Kampfblatt zu verkaufen

Unzählige Läden und Lokale reihen sich die Ottenser Hauptstraße entlang. Es gibt hier fast nichts, was es nicht gibt. Nur diese Zeitung mit den schreienden Schlagzeilen sucht man vergeblich. Auch beim Kiosk oder beim Bäcker – keine Chance. Aber vermisst sie denn jemand?

Der Ottenser Kioskbetreiber Winfried Buck war früher schon kein Freund der »Bild«-Zeitung. Als das Springer-Kampfblatt aber im Jahr 2010 ausgerechnet die »Meinungsfreiheit« vorschob, um unter dem Motto »Das wird man ja wohl noch sagen dürfen« einmal mehr massiv gegen Hartz-IV-Empfänger und »Ausländer« zu hetzen, hatte Buck die Nase voll und nahm die Zeitung kurzerhand aus dem Sortiment. Um seine Kundschaft zu informieren, hing er einen Zettel vor den Eingang: »BILD und Sarrazin haben recht: Die Deutschen werden immer dümmer. Dieser Trend muss gestoppt werden. Deshalb wird in diesem Laden keine Bild›zeitung‹ mehr verkauft.« Ein benachbarter Bäcker schloss sich der Aktion sofort an. Die anschließenden Diskussionen mit Stammkäufern und Verlagsgrossisten nahmen Winfried Buck und André Krause gelassen hin. Ebenso die geringen Einnahmeverluste, die sie durch die Remissionen erleiden mussten. Solange sie da seien, käme jedenfalls »die ›Bild‹-Zeitung nicht mehr rein«, kündigten sie damals an. Das brachte ihnen Sympathiebekundungen und Nachahmer bis nach Süddeutschland ein.

Die beiden Händler hielten ihr Wort. Der eine ist mittlerweile verstorben, und der andere hat vor einiger Zeit seinen Kiosk abgegeben. Dafür setzen aber die jetzigen Ladenbetreiber den von Buck und Krause initiierten Verkaufsboykott weiter fort. Und sorgen für den Erhalt einer »Bild«-freien Zone mitten in Ottensen.

KIOSK

Michele Avantario, geboren 1970 in Andria/Italien, arbeitet seit 1990 als Redakteur und Autor in Hamburg, veröffentlichte DAS SCHWARZE HAMBURG-BUCH im Junius Verlag und LÄDEN SCHUPPEN KASCHEMMEN – EINE HAMBURGER POPKULTURGESCHICHTE im Nautilus Verlag.

Martin Langer, geboren 1956 in Göttingen, arbeitet seit 1980 als Fotograf, ausgezeichnet u.a. mit dem Fuji Euro Press Photo Award, sein bekanntestes Foto, 1992 bei den fremdenfeindlichen Krawallen in Rostock-Lichtenhagen entstanden, ist eine der Ikonen der Nachkriegsfotografie in Deutschland; www.langerphoto.de

Klaus Sieg, geboren 1959 in Hamburg, Tischler und Historiker, arbeitet seit 1996 als Journalist, Texter und Autor, immer wieder über Hamburg und seine Geschichte, veröffentlichte unter anderem DAS SCHWARZE HAMBURG-BUCH im Junius Verlag; www.siegtext.de

Bibliografische Information der Deutschen Nationalbibliothek
Die Deutsche Nationalbibliothek verzeichnet diese
Publikation in der Deutschen Nationalbibliografie;
detaillierte bibliografische Daten sind im Internet über
http://dnb.d-nb.de abrufbar.

Gestaltung: Almut Weinland
Druck und Bindung: CPI buch bücher.de GmbH, Birkach

ISBN 978-3-936406-59-7

ConferencePoint Verlag
Dr. Almut Weinland, Distelkoppel 6, 22339 Hamburg
www.conferencepoint.de